U0330262

大夏书系·教育新思考

周彬 著

Ketang Fangfa

课堂方法

华东师范大学出版社

ECNUP

全国百佳图书出版单位

图书在版编目（CIP）数据

课堂方法/周彬著. —上海：华东师范大学出版社，
2011. 11

ISBN 978 - 7 - 5617 - 9059 - 5

Ⅰ.①课... Ⅱ.①周... Ⅲ.①课堂教学—教学研究—
中小学 Ⅳ.①G632.421

中国版本图书馆 CIP 数据核字(2011)第 227710 号

大夏书系·教育新思考

课堂方法

著　　者	周　彬	
策划编辑	李永梅	
审读编辑	周　莉	
封面设计	奇文云海	
责任印制	殷艳红	

出版发行 华东师范大学出版社
社　　址 上海市中山北路 3663 号　邮编 200062
网　　址 www. ecnupress. com. cn
电　　话 021 - 60821666　　行政传真　021 - 62572105
客服电话 021 - 62865537
邮购电话 021 - 62869887　地址　上海市中山北路 3663 号华东师范大学校内先锋路口
网　　店 http：//hdsdcbs. tmall. com/

印 刷 者 北京东君印刷有限公司
开　　本 700×1000　16 开
插　　页 1
印　　张 14. 25
字　　数 195 千字
版　　次 2011 年 12 月第一版
印　　次 2024 年 7 月第十三次
印　　数 42 001—43 000
书　　号 ISBN 978 - 7 - 5617 - 9059 - 5/G · 5381
定　　价 55. 00 元

出 版 人 朱杰人

（如发现本版图书有印订质量问题，请寄回本社市场部调换或电话 021 - 62865537 联系）

目　录

序　我们如何建构课堂

　　虽然课堂教学很重要，但我们对课堂教学的认识却很狭隘。在传统观念中，所谓的课堂教学实践，就是如何才能"上好每一节课"；所谓的课堂教学研究，就是回答"什么样的课是一堂好课"。正因为我们对课堂教学的理解过于狭隘，不管我们在实践中如何勤奋，也很难见到课堂教学的成效何在；正因为我们对课堂教学的理解过于狭隘，不管我们在实践中如何辛苦，也看不到课堂教学的出路何在。

　　课堂教学应该被理解成一个过程，虽然我们能够看到课堂现场，但课堂现场很可能并不是决定课堂教学质量的根本要素。课前备课、课堂教学和课后辅导，任何一个步骤都是提高教学质量不可缺少的，而且它们的功能也是不能相互替代的。比如，如果教师课前没有备课，不管教师在课堂教学中多么卖力地上课，这样的课堂都不可能产生什么样的成效。同样的道理，如果没有课后辅导这一关，就不能保证课堂教学对每一个学生都有帮助。不管是课前备课，还是课堂教学，都是以学生群体为对象的，只有有了课后辅导，才可能真正把教学成效巩固在每一位学生的身上。

　　课前预习、课堂学习和课后复习也是一个有机的整体，缺少了任何一个环节，或者在任何一个环节上没有做到位，都会影响学习质量和学习成效。从目前的学习实践来看，课前预习是最易被学生忽略的环节。不管学生多么讨厌上课，课堂学习总是难以逃避的；不管学生多么讨厌复习，家庭作业总是要做的；而相对于课堂学习和家庭作业来讲，学生是否预习是难以检测的。于是，大家都把精力花在容易检测的课堂学习和家庭作业上，对于课前预习却大大地放松了。可是，一旦缺少了课前预习，学生在课堂上就有可能跟不上教学进度；更重要的是，如果学生没有进行课前预习，他就会认为课堂学习只是任务，是来听教师讲课的，而不是为了满足自己的学习需求。对课后复习来讲，看起来通过家庭作业已经完成了，但实际上它却是一个远没有做到位的环节。课后复习包括家庭作业，但远不只是家庭作业，如果学生缺少对学习内容的整体认知和重构，那么，即使他们做再多的作业，也难以有效、持久地掌握学习内容。

我们已经对课堂教学过程进行了分析，还需要说明的是，应该用什么样的眼光看待"方法"这个词。就课堂教学而言，提到"方法"这两个字，人们很自然地会想到用什么方法来导入，用什么方法来布置教室，用什么方法来解读知识，用什么方法来巩固知识，用什么方法来总结。可是，方法并不是万能的，而要依赖于隐于其后的思维与理念。比如说，我们经常说备课是要讲究方法的，但备课的方法却与我们对备课的定位有关系。如果我们认为备课只是熟悉教学内容，那么最好的备课方法就是教师自己把教学内容学一遍，把相应的练习题目做一遍；但如果我们认为备课不仅仅是熟悉教学内容，还要求教师熟悉学生，那么备课就不仅仅是教师看书或者做题目，还要求教师与学生为友，通过与学生聊天，通过参加学生的活动，来更全面、更深入地熟悉学生。

对方法的选择，还要依赖需要达成的教学目标。如果我们认为上课的目的就是传授知识，那么教师讲解和学生练习就是很好的教学方法，因为这样可以非常有效地把教学内容传授给学生；但如果我们认为上课的目的是解决学生学习中的困惑，帮助学生重构学习内容，那么教师与学生之间的研讨就变得不可或缺，给学生足够的自学时间也就显得特别重要。当教师只是关注一节课的教学目标时，最重要的就是如何把这节课的教学任务完成，哪怕牺牲学生的学习兴趣，也是值得的；如果教师要关注多节课的教学目标，甚至更长远的教育目标，就必须关注并悉心培养学生的学习兴趣，哪怕暂时牺牲一两堂课的教学成效。因此，方法本身并不是最重要的，最重要的是我们把方法置于什么样的教学理念之下，我们让方法去服务什么样的教学目标。

课堂管理和教学管理也是本书的重要内容，但管理方法和教学方法还是有区别的。课堂管理管什么？大家可能会觉得这根本就不是个问题，课堂管理自然是管学生了，只要把学生管住了，课堂不就变得井然有序了吗？但事实可能并非如此，课堂管理更重要的不是管学生，而是管学生与学生之间的关系。举例而言，如果有一位学生上课调皮捣蛋，但他并没有影响到课堂教学正常进行，在这种情况下，如果教师停下课来处理，不仅很有可能处理不了，反而使得整堂课都被耽搁了。因此，课堂管理最重要的是对整堂课的品质负责，教学管理最重要的是对学校整体教学质量负责。一旦要求对课堂品质和教学质量负责，就意味着管理者要有驾驭整体的理念和能力，而不是仅仅着眼于具体的管理技巧。

要建设一个让大家都可以接受的课堂，靠教师个人的天赋是可以完成的，但并不是每位教师都有这样的天赋。当我们没有这样的天赋时，就必须用时间、精力和智慧，去寻找建设课堂的各种方法了。本书虽然冒用了"课堂方法"的名，但更多的却是在告诉我们如何去思考方法，如何去驾驭方法，至于那些技巧类的课堂方法，对大家而言应该不再是稀缺的东西了。用方法来应对课堂，用方法来驾驭课堂，这样的课堂可能仍然比不上那些天赋满满的教师的课堂，但却可以让我们的课堂变得更富有品质、更富有智慧！

此次同时对《叩问课堂》和《课堂密码》进行修订，正是借《叩问课堂》（第二版）、《课堂密码》（第二版）、《课堂方法》三本书一同出炉的机会，笔者对它们进行了系统化的建构与调整。需要说明的是，在此次调整过程中，本书有一小部分内容取材自《叩问课堂》和《课堂密码》，但在调整后的三本书中，并无重复之处。《叩问课堂》（第二版）立意于对课堂进行多方位的、系统性的思考，让我们能够更好地理解课堂;《课堂密码》(第二版)立意于对课堂的结构与效率进行分析，让我们能够更好地设计课堂;《课堂方法》立意于对不同教学阶段方法使用的思考与选择，让我们能够更好地建构课堂。在此我将三本书权称为"课堂教学三部曲"，以此奉献给奋战在课堂教学一线的老师们!

第一辑　备课的方法

1. 为何而教

　　虽然很喜欢上课，但一直害怕当教师，尤其害怕当中小学教师。喜欢上课，是因为自己愿意在课堂上表达自己的观点，能够有机会向众人表达自己的观点，这本身就是一件幸福的事；如果能够因为自己观点的表达，而为别人带来一点启示或者帮助，那就更是莫大的荣幸了。害怕当教师，是因为大家对教师寄予了太多的希望。就拿一堂课来说，知识是肯定要教的，不但要教，而且还要教得准确，教得扎实，要确保学生能够学到位，最直接的检测方法就是在最近的考试中学生能否考出成绩；方法也是要教的，不但要教方法，而且还要确保整个课堂教学过程教得有趣味，教得有成效；态度和价值观的引领也是不可缺少的，课堂教学要有积极向上的态度，要宣扬核心价值观。于是，一堂本可以上得轻松自如的课，在众多教学目标的重压下，变得沉重和枯燥起来，不管多大的鸟，翅膀上的负担多了，也飞不高，飞不远。因此，课堂教学究竟能够教出什么，究竟为何而教？只有搞清楚了这些问题，才可能为课堂教学减负；只有有了减负的课堂，课堂教学才可能真正变得高效起来，课堂才可能真正成为师生展现生命活力的地方。

一、"什么都想要"往往"什么都要不到"

　　在传统的家庭中，排行老大的往往很难成大器，之所以如此，既不是因为老大不够聪明，也不是因为老大不够努力，而是因为老大在家庭中被寄予的希望最大。既然是老大，在孝敬父母上就应该是弟弟妹妹们的表率；

既然是老大，在事业发展上就应该是弟弟妹妹们的引路人；既然是老大，在待人处事上就应该是弟弟妹妹们的学习对象；既然是老大，就应该负有照顾好弟弟妹妹们的责任。如果能够把这些期望都实现，那么老大将来肯定能够成大器。可实际上总是事与愿违，老大为了不辜负家庭对他的期待，就必须在每个领域都谨小慎微。于是，老大在自己的成长过程中，并不是以在每个领域都做好来要求自己，而是以在每个领域都不出问题来要求自己，最终的结果就是老大基本上不会出问题，但也很少能成大器。花这么多的笔墨来讲家庭中的老大，我想大家已经明白了我的意思，今天我们对待课堂教学的态度，何尝不是像家长对待老大那样呢？而更有意思的是，课堂教学似乎也像老大一样，几十年不变，虽然挑不出什么大的毛病，却也见不到大的成就，而这正是课堂教学最大的问题。

一个小孩不管排行老几，他都应该按照自己的成长规律来成长，而不是按照别人的期望来成长。如果别人的期望符合他的成长规律，那么他可能就会成长得更好；当别人的期望不符合他的成长规律时，这种期望就成了他成长的障碍；当别人的期望超出他的成长空间时，这种期望就成了他成长的压力和阻力。课堂教学也一样，虽然教育教学很重要，大家对教育教学寄予厚望——毕竟在一个人的成长过程中，教育教学起着至关重要的作用；可是，不能因此就把大家对教育教学的期望，都简单地转移给课堂教学。一堂课，只有45分钟，不管老师多么天才，所能做的也非常有限，所能达到的目标也没有我们想象中的那么重要和伟大。更值得我们注意的是，我们把教育教学的目标强加给课堂教学时，教师在明知不管怎么努力都完不成目标的情况下，很容易彻底地放弃这些目标，导致课堂教学不但完成不了教育教学强加的目标，连自己原本可以实现的目标也很难实现。更值得我们警惕的是，我们把教育教学目标强加给课堂教学之后，大家也会简单地把课堂教学视为实现教育教学目标的手段，于是更容易从结果的角度来审视课堂教学，从而失去对课堂教学过程的关注，使得课堂教学更加功利。

自从新课程改革提出教学目标是"知识与技能，过程与方法，情感、态度与价值观"之后，我们的课堂教学并没有因为目标的拔高，而变得更加有效、更加有魅力。虽然教师在写教学计划时都会写上本节课的三维目标分别是什么，比如在知识与技能上要解决什么问题，在过程与方法上要达到什么效果，在情感、态度与价值观上要如何引领等，但只要我们脚踏实地想一想，就会发现这三维目标根本就不适合单一的课堂教学。诚然，就整个教育教学来讲，应该关注学生在三维上的成长；但如果把三维目标强加给每一堂课，那就不仅是一种错误的做法，更是一种荒唐的做法。要是每堂课都可以改变学生的情感、态度与价值观，那么这个学生也未免太没有原则了。既然三维目标实现不了，课堂教学又在实现什么目标呢？

二、知其"不可为"方知其"可为"

向课堂要效率，这是我们经常听到的口号，也是向课堂教学发出的挑战书。其实，与其说向课堂要效率，还不如更直白地讲，是向课堂要成绩。但我可以很坦率地讲，在一堂一堂的课里，是挖不出成绩的；而且，你越要在一堂一堂的课里挖成绩，可能只会让你的课堂离考试成绩越来越远。为什么在一堂课里挖不出成绩呢？一方面，在一堂课里能够教授的知识是有限的，而且，即使这些有限的知识，也不能保证学生当堂就能理解、消化与应用；另一方面，在课堂上学习的学生，他们并不全然是为了考试成绩而上课，上课对他们来讲更是一种生活方式，虽然他们希望这样的生活能够开花结果，但更希望生活本身更开心一点，最好不要通过牺牲眼前的开心去换取未来的成绩。那么，肯定有人会问，如果在一堂课里挖不出成绩，那到哪儿去挖成绩呢？成绩并不是在一堂课里挖出来的，但一定是通过一堂一堂的课获得的，也就是说，成绩并不是靠课堂教学的战术获得的，而是靠教育教学的战略获得的。

课堂是一个传授知识的舞台，对学生来说应该向课堂要知识，对教师来说应该借课堂传授知识。我承认课堂是教师传授知识的地方，而且承认它是教师传授知识最主要的地方；我也承认课堂是学生学习知识的地方，但不认为它是学生学习知识的唯一地方，甚至还可以说，课堂并不一定是学生学习知识最重要的地方，这就把传授知识和学习知识分开来了。按照传统的观点，教师传授了知识，学生自然就学习了知识，而事实上并非如此。一方面，教师传授完知识后，学生有可能当堂听懂了这些知识，但要把这些听懂了的知识转化为自己掌握的知识，把自己掌握的知识转化为自己会应用的知识，还有很长的路要走，而学生对这些听懂了的知识的转化和应用主要并不是在课堂中发生的。另一方面，学生并不一定当场就能听懂所有的知识，对于那些没有听懂的知识，学生需要在课后学习和领悟，而这时候的学习和领悟并不在课堂中发生，如果我们把课堂看成是学生学习知识的唯一地方，那就否定了学生对这些没有听懂的知识的自主学习机会。因此，教师在课堂上完成传授知识的任务后，不能强求学生一定也要在课堂上完成学习知识的任务。这样的强求看起来是教师对学生负责任的表现，但实质上只会让学生对知识的学习在量上更少，仅限于当堂就听懂了的内容；在质上更浅，仅限于把知识掌握在听懂的层面，难以做到理解的层面，更难以做到应用的层面。这就不难理解，为什么有的学生上课说听懂了，但等到考试的时候就不会做题目了：因为他上课时的确听懂了，但这并不等于他在考试题目中会应用这些知识。

课堂教学可以培养学生的学科思维和学科素养吗？为思维而教，为素养而教，这些理念让人无法反驳；但这样的理念在一堂一堂的课上是无法实现的。很多教师，尤其是文科教师，说学科教学最重要的就是要培养学生对这个学科的感觉，可这种对学科的感觉，肯定不是在课堂中可以培养出来的，也不是所有的学生都可能获得的。更有意思的是，当教师想在课堂上培养学生的学科思维和学科素养时，反而会把简单的学科知识的传授，转换成更为复杂和更为抽象的"说教"，从而把学生给吓跑了。也有老师说，如果在课堂上不培养学生的学科思维和学科素养，那么学生的学科思维和学科素养又是如何培养起来的呢？我想，这个问题也要从两个方面来看：一方面，绝大多数学生学习一门学科，但并不依赖于这门学科，除了应付考试外，他并不需要学科思维和学科素养，注意，这样的学生是绝大多数而不是少数；另一方面，学生的学科思维和学科素养并不是教师传授的，而是通过教师学科思维和学科素养的感染并对之进行模仿而习得的，是学生自己在学科知识的学习和浸润过程中培育起来的。所以，教师不要寄希望于通过课堂教学来传授和培养学生的学科思维和学科素养，要宽容那些认为没有必要从而不愿意去培养自己学科思维和学科素养的学生，更要通过自身学科思维和学科素养的优化去影响学生。

三、知其"可为"，更要知其"何为"

课堂并不是一个深挖成绩的地方，也不是学生学习知识的唯一的地方，但却是教师传授知识的最重要的地方。这意味着教师在课堂上最需要完成的任务，就是把需要自己传授的学科知识演绎到极致。这儿很有意思地用到了一个词，那就是"演绎"。在课堂上学科知识并不是由教师讲懂的，因为懂或不懂并不是由教师决定的，而是由学生自己决定的。学生之所以要在课堂上听教师的讲解，就是因为他自己不能完全搞懂教材上的学科知识。教师的任务并不是把教材上的学科知识拿到课堂上重新讲解一遍，而是结合学生的认知特点和生活情境，用贴近学生生活和心理状态的各种方式，来重新演绎学科知识；或者通过把教材上的学科知识还原到其产生的背景中，通过恢复学科知识的前世今生，通过对学科知识的介绍，来充分地演绎学科知识，让学科知识从抽象走向具体，从平面走向立体，从固定化走向生活化，从而尽可能实现让学生更容易搞懂学科知识的目的。因此，对课堂教学中的教师来讲，最重要的不是学生学到了什么，而是自己把学科知识演绎到了什么程度；学生是否搞懂了学科知识，受教师演绎学科知识的程度的影响，但这并不是唯一的影响因素。可以肯定的是，教师把学科知识演绎得越精彩，学生弄懂学科知识的概率就会越高。

虽然课堂并不是学生学习知识的唯一地方，甚至也不是主要的地方，但课堂却是学生展示学习成果、获得学习成就感和自我效能感的平台。有人说，考场才是学生展示学习成果的地方，如果学生考好了，自然就有了学习成就感和自我效能感。这样的观点固然不错，但肯定不够全面，因为考试只能让少数同学找到自信，而容易打击多数学生的学习自信心。学生的学习是一个相对艰辛的活儿，如果把学生的成就感和自我效能感完全寄托在考试成绩上，而考试又不会考查全部学习内容，这样学生自然就不会感受到学习过程中全部的成就感，这就容易培养出学生面对考试时撞运气的心态。此外，考试是对学生阶段性学习的考查，即使学生在考试中取得了优异的成绩，也不能够为他的学习过程提供足够的奖励。况且，考试成绩总是相对而言的，有好的，自然就有相对差的，在这种机制下，能够获得成就感和自我效能感的学生就注定了是少数而不是多数，更不可能是全部。相比而言，课堂更是学生展示自己学习成就和学习方法的平台，每位学生都有机会在课堂上证明自己学到了什么，都有机会向别人展示自己是怎么学到这些知识的，尽管这个过程与成绩无关，但却与良好的课堂氛围有关。不管是掌握知识多还是少的学生，不管是掌握知识好还是不好的学生，都可以在这个过程中获得成就感；更重要的是，每个学生都可以在别人展示学习成果和学习方法的时候有所收获。因此，课堂是教师传授知识的地方，也是学生自我展示和相互学习的地方，在课堂中为学生的自我展示和相互学习预留空间，才可能让学生确证自己每天的学习成果，确证并优化自己的学习方法与策略。课堂若真正成为学生展示学习成果和交流学习方法的平台，就不但将学生的日常学习和课堂学习联接起来，也将学生日常学习的成就感和考试评价时的成就感联接起来。

课堂重要不仅因为它是教师传授知识的地方，也不仅因为它是学生自我展示学习成果的地方，还因为它是师生共同学习的地方。课堂是一个集体的学习家园，为什么要有这样一个家园呢？因为学习已经不是学生一个人在家就可以完成的任务。学生一个人在家很难完成目前的学习任务，一方面是因为现在需要学生接受的学科知识量比较大，在没有别人帮助的情况下——这里的"别人"不仅仅指教师，还应该包括同学——是很难完成的；另一方面是因为在如此重负担的学习之下，学生的学习积极性容易受挫，他们需要到学校来共同感受学习乐趣和分享学习成果，在班级的积极的学习氛围中让自己坚持下去。因此，课堂教学还有一个非常重要的任务，那就是为学科学习营造一种积极的学习氛围。教师要为同学们学习学科知识提供信心，而不能用学科教学专家的身份去打击学生；学生要从其他同学身上感受到学习的乐趣和学习的成就感，而不能以自己考得比别的同学好来赢得自己的学习成就。一旦陷入这样的评价标准之中，就注定了学生不会有好的学习心情，因为谁也不能保证自己永远在班上考第一名。要在课堂中营造一种积极的学习氛围，教师就要多关注学生取得的成绩，为没有取得成绩的同学多提供方法，而不能整天看到学生的不足，但又不知道如何解决问题，最后只好将这种情况归因于学生笨。对学生来讲，要形成一种积极的学习氛围，就需要同学之间在学习态度上相互打气，在学习方法上相互支持，在学习结果上尽可能避免相互攀比。

最后，大家可能还会追问：难道课堂教学就不为成绩而教吗？难道课堂教学就不为学生的学科思维而教吗？这里有必要再次交代这两个最令大家困惑的问题。单个的课堂是教不出成绩的，这并不等于说成绩不是从课堂教学中出来的。只有对课堂教学有长远设计和打算的教师，只有脚踏实地地关注课堂教学真正能够干什么的教师，才可能从课堂教学中教出成绩来。学生的学科思维也一样，它不是教师教会的，而是学生自己悟出来的。但这并不等于说教师就不用关注学生学科思维的形成。学生能够掌握较好的学习方法，能够从学科学习中感受到成就感，相信他们离学科思维的形成就不远了。最后还要说一句话，那就是学科成绩和学科思维都是重要的。然而，如果教师不尊重课堂当下生活和学生在课堂中的现场感受，那么，学科成绩和学科思维就成了他们的生活重负。当学生在课堂中能够感受到一种积极的支持力量时，学科成绩和学科思维就成了他们学习生活的一种附加产品。只要学生生活幸福，相信离学科成绩的取得和学科思维的形成也就不远了。

2."备课"胜过"补课"

中小学教师的繁忙是大家有目共睹的，但对于他们究竟在忙些什么，不但大家不清楚，恐怕连中小学教师自己也不一定说得明白。如果按照课程标准的要求，教师们肯定不会像现在这样忙，可惜，很少有学校完全按照课程标准的要求来排课，也很少有教师抵制学校超过课程标准为自己排课，他们反倒希望上更多的课，似乎只要课上得多了，教学成绩就上了保险。在一次闲聊中，我问忙得晕头转向的王老师，为什么这么忙还要上这么多的课。他说，没有办法呀，都怪学生实在太笨。我说，既然学生都这么笨了，你还讲这么多，学生就更听不懂了。他说，讲少了他们才听不懂，所以只好不断重复，通过重复来加深他们的印象。这就更让我糊涂了，不管学生有多笨，也不管学生有多聪明，如果你讲了两遍或者更多遍他都没有听懂，这时候似乎不应该再重复了，而应该考虑是不是换一种讲法。重复导致的是补课，换一种讲法需要的是备课，当学生没有听懂时，老师究竟是应该多备课，还是应该多补课呢？

一、"来去匆匆"与"有备而来"

课堂教学最大的问题，就是教师讲得越多，学生听得越糊涂。你还别把这句话当笑话，这句话其实是对绝大多数课堂教学情况的真实描述，也是绝大多数教师感到困惑的问题。其实，让教师觉得头痛的，还不仅仅是学生听不懂，而是学生越来越不想听，对上课越来越没有兴趣，对做作业也越来越提不起兴致。于是，当学生听不懂时，教师就不得不花更多的时间讲课，既然学生听不懂，那么我就多讲几遍。即使多讲几遍学生还没有听懂，至少教师在心理上得到了安慰。当学生对上课没有兴趣，对做作业提不起兴致时，教师就更忙了，既然学生对上课没有兴趣，教师就不得不花更多的时间去点名，去维持课堂教学秩序；既然学生对做作业提不起兴致，不能认真地完成作业，教师就不得不花更多的时间去督促学生做作业，去检查学生做的作业。这种情况在生源比较差的学校更是常见。在这样的学校里，你整天都看得见教师跑来跑去，真是来也匆匆，去也匆匆，很少看得见教师在办公室里安静地坐一坐，更别说坐下来思考问题或者阅读书籍了。

孩子小的时候，是很容易发烧的。一旦孩子发起烧来，就够我们折腾的了。现在都崇尚物理降温，于是我们就在小孩的额头上、四肢上都围上湿毛巾，可这样一来，实在忙不过来，一会儿要换这块毛巾，一会儿要换那块毛巾。尽管我们知道这样的物理降温并不能止住小孩发烧，但这样的忙碌似乎会让小孩好受一点，也有利于我们减轻心理负担。这种心态和做法，是不是与教师帮助学生的心态和做法很相似呢？然而，两者虽然看上去相似，但在本质上却有差异。小孩发烧时，大人的物理降温只是一种缓解的措施，真正给小孩治病的却是医生，也就是说，虽然我们在忙着为小孩物理降温，但会把治病的责任和希望寄托在医生身上。教师则不一样，不管忙还是不忙，评价课堂教学有效还是无效的标准，都是你有没有真正地解决问题。当学生听不懂时，重要的不是你多讲几遍还是少讲几遍，而是你得想办法让他们听懂；当学生不想听课时，重要的不是你多点几次名还是少点几次名，不是你上课多管他们还是少管他们，而是你得想办法让他们自己想听课，因为你不可能寄希望于"医生"来帮助你"治疗"学生。

由此可见，从教育教学效果来看，教师忙还是不忙并不重要，真正重要的是在面对学生各种各样的学习问题时，教师自己能不能想出与之相应的解决办法。正如古人所言，"工欲善其事，必先利其器"，如果对这儿的"器"做比较宽泛的理解，那就包括做成这件事情的工具和方法。课堂教学也一样，如果教师在课堂教学之前就已经对学生的学习问题了如指掌，也基本上掌握了如何应付学生学习问题的方法，那么在课堂上就不会靠一遍又一遍的重复来"提高"课堂教学效率，也就不会靠多次点名或者严加管教来"整治"课堂教学秩序了。当然，既要做到对学生的学习问题了如指掌，又要掌握应付学生学习问题的方法，这并不是一日之功，也不是靠教师在课堂上的现场反应就能够实现的，而需要教师在平时的课堂教学中不断地积累经验，不断地思考教学问题；更重要的是，需要教师在课堂教学之前有充足的理论与方法储备。

二、"备"出课堂教学的深度

假设要求教师在课堂中只能讲五句话，那么他有三种讲话方式：一是把一句话用同样的方式讲五遍，二是把一句话用不同的方式讲五遍，三是用同样的方式讲五句逐步递进的话。毫无疑问，第一种方式是最简单的，自然也是大家最乐于选择的，似乎在道义上也是最容易站得住脚的。教师讲了第一遍学生没有听懂，只好再讲一遍，可是，学生并没有发生改变，教师的讲课方式也没有发生改变，那么即使教师再讲一遍，也不会产生多大的效果，因为这个时候的讲课效果只能依赖学生的"顿悟"了。问题正出在这里，很少有教师认为学生没有听懂是因为自己的讲课方式不对，而是认为学生太笨。可是，正是由于学生太笨，所以他们不可能通过调整自己的听课方式，来主动对接教师的讲课方式。那就只能要求聪明的教师，通过调整自己的讲课方式，来主动适应学生的学习方式。这就要求教师必须采用第二种讲话方式。

对教师的要求越高，就意味着教师对课堂教学要有越充分的准备。要用五种方式讲同一句话，如果教师没有充分的准备，那是异常艰难的。其实，只要对学生有足够的了解，不一定非得用五种方式来重复同一句话，可能用两三种就够了，毕竟，学生与学生之间的差异不一定有那么大。此外，如果教师对整堂课有了充分的准备，就更没有必要用五种方式重复同一句话，因为他可以让那些听懂的学生用他们的话来复述，相信这样的教学效果比教师自己重复这句话更好，因为学生更容易接受其他同学的讲话方式，因为其他同学的讲话方式更贴近自己的生活，也与自己的学习思维更加接近。我们经常讲备学生是备课非常重要的内容，可真到了备课的时候，却又不知道如何把备学生融入备课之中。毕竟学生是活生生的人，而不是听任我们"备"的对象，也不是说我们"备"好了他们，他们就不变了。由此可见，备学生不是一时半会儿就能够备得好的，也不是明天上课今天晚上就备得出来的，而需要教师在日常的教育教学生活中与学生有足够的交往和认识，从而将这种认识自然地融入自己的课堂教学设计之中，融入自己的讲课方式之中，融入自己的教学过程之中。

我们说知识有用，并不是说哪一个知识点有用，而是指知识整体有用，如果我们把知识肢解开来，知识的有用性就会让我们大失所望。不少教师都理解到医院看病这个道理，你说医学有用吗，肯定是有用的；可是，当你生病去了医院，在不同科室之间走来走去，却仍然不知道自己得了什么病的时候，你就会觉得医院怎么如此无能。正因为这样，大病通常都是采用会诊的方式来解决，单一科室的医生很难让一个病人得到全面的康复，因为疾病往往是综合的结果，很少是由单一原因导致的。同样的道理，学生要学习知识，并不是说在知识的学习过程中，他必须很好地掌握每一个知识点，等到学生对整堂课的内容有了全面的认识，对一个单元的知识有了全面的理解，对一个学期的知识有了系统的建构之后，再来审视当时没有掌握的知识点，困难就迎刃而解了。可是，如果教师在备课的时候停留在单一知识点的传授上，不但学生超越不了单一知识点的学习，恐怕连教师自己也会因此而局限在单一知识点上无法动弹。所以，尽管一堂课不一定需要教师一口气讲完五句递进关系的话，但这不等于不要求教师在备课的时候，要把知识点放到整堂课、整个知识单元，甚至整个学科知识结构中去考量。

三、补得再好的课都是不完整的

相对于教师自己的能力来讲，没有一堂课是上得不好的，但肯定存在由于各种原因没有把课备好的情况。我们说没有一堂课是上得不好的，并不是说每堂课都是好课，而是指每位教师为了自己的面子，都会在原有备课的基础上，在自己能力范围之内，想方设法地把课上好。所以，此处没有一堂课上得不好，也可以说成是没有一堂课是教师没尽力的，这和教师水平的高低无关，而和教师在几十位学生面前要面子有关。既然教师在每堂课的现场都是尽力的，那么为什么有的时候课上得好，有的时候课上得不好呢？这就和教师的课堂教学水平无关，和教师的课堂努力程度无关，而和教师的备课程度有关了。虽然备课只是为课堂教学所做的准备工作，但正因为备课不再局限在课堂的几十分钟之内，所以教师之间在备课上的差距，就远比在课堂教学上表现出来的差距更大了。可惜，我们并不能直接看到教师之间在备课上的差距，因为这种差距必须通过课堂教学才能够表现出来。于是，我们往往放大课堂教学中表现出来的差距，而缩小甚至忽略教师之间在备课上的差距。

虽然教师上每堂课都是尽力的，但这并不能保证教师每节课都备得很到位。备课是一件永无止境的事，是一件永远值得探索的事，却仅仅因为作为"准备之事"的定位，被大家轻视或者忽略了。更有意思的是，备课不到位的后果不但不能马上就表现出来，而且还能用多种途径掩盖或者弥补。比如教师备课备得不充分，那么就可以通过重复已经备到的部分来延长课时，可以通过多次的讲解来进行弥补。而且，当备课备得不充分，不得不通过讲解次数的增加来弥补讲得不清晰的过错时，教师还可以说，之所以要增加讲解次数，并不是因为自己备课备得不到位，而是因为学生太笨，你讲一遍或者两遍他根本就听不懂。殊不知，学生听不听得懂，绝大多数是由讲课人的讲课方式决定的。在课堂上，教师是讲课内容的有知者，学生是讲课内容的无知者，有知者可以通过对无知者的了解，来制定让无知者变成有知者的教学计划；而作为无知者的学生，不但不知道自己是无知的，即使知道自己是无知的，他们也难以探索到从无知者到有知者的道路，因为他在变成有知者之前，根本就不知道有知者究竟在哪儿。

备课对课堂教学是富有创造性的，它决定着课堂教学的结构与进程，可以在结构与进程的设计中让课堂教学变得富有效率。尽管课堂教学效率并不能完全由备课的计划性来决定，但课堂教学中的生成性毕竟是暂时的，也是在特定的教学时段和特定教学内容上的表现，它很难对整堂课的教学效率产生质的影响。然而，正是课堂教学生成中的不可预见性，反倒成了教师放弃课堂教学计划性的理由，这实在是一件非常遗憾的事情。补课对课堂教学是富有补偿性的，也就是说，当课堂教学由于教学准备不够，或者由于课堂教学本身表现不好时，需要用补课的方式来弥补课堂教学准备不足或者表现不良的缺憾。其实，正如上文所分析的，教师在课堂教学中的表现不良是很少见的，那就证明绝大多数的补课都只是对课堂教学准备不足的弥补。可惜，不管补课补得有多好，都只是对以往课堂教学不足的补充。当学生走进补课的教室时，对于补课原因的认识就很是让人沮丧，他们要么认为补课是由自己太笨所致，要么认为补课是由教师太笨所致，自然对补课就不会有太高的学习期待了。

与之相应，即使教师把课备好了，也不能因此就说课堂教学肯定有效，因为它还需要教师在课堂中演绎；但也可以说由于教师在课堂中总是尽力而为，所以备课备好了，基本上也就保证课堂教学肯定不会是无效的。如果教师把课备好了，也就为课堂的有效展开做好了充足的准备，自然就不需要教师在课堂教学中做那些无用的工作了，比如不断通过重复教学内容而不是变换教学方式，让学生明白教学内容；比如通过对学生课堂教学秩序的强调与维持，而不是以教学内容的精确性与教学过程的灵活性来吸引学生，让整个课堂教学保持有序与有趣。因此，有了备课充分的课堂，自然就不再需要用别的课堂来弥补某堂课的不足了，也就是说，有了备课，就不再需要补课了。

3. 课堂因预习而有效

在许多人看来，做报告肯定比上课要难；但我却喜欢做报告，不喜欢上课。之所以喜欢做报告，是因为来听报告的人都没有预习，他们来了就听，听了就走，这对做报告的人来讲，虽然现场压力大一点，但并不需要你有多充分的准备。之所以不喜欢上课，是因为来听课的人或多或少都有关于课程内容的知识背景，这时候，你讲起课来就要格外小心。对于那些听课的人不知道的知识和道理，你不但要讲得正确，而且要讲得有效。也就是说，你的讲解要能够让人家学起来比自学容易；对于那些听课的人已经知道的知识和道理，你不但不能出错，还必须比听课的人有更深刻的理解，有更实用的讲解。因此，从教师偷懒的角度来看，自然是学生不预习更好；但从提高课堂教学效率来看，学生预习是推动课堂走向深刻的原初动力。

一、"预习不多"而"作业不少"

王春是小学五年级的学生，整天都处于极度忙碌的状态，真的难以相信现在的小学生能够忙到这个程度，而且他还不是一位太笨的学生。除了在学校要上六七节课，回到家里还要做大量的作业，不到晚上 10 点，休想睡个安稳觉。但让我觉得困惑的是，他似乎并没有因为做了大量的作业，学习任务就变得轻松一点；也没有因为做了大量的作业，考试成绩就变得喜人一点。还好他只是一个小孩，要是他像我现在这么明白，肯定早就放弃学习了，像这样天天做作业，谁能够坚持呢？可是，放弃总不是办法吧，怎样才能够让王春同学从作业中解放出来呢？

我们经常讲学习的三个环节，即课前预习、课堂学习和课后复习。课前预习要求学生在上课之前对上课学习的内容有大致的了解，先把要学的内容学一遍，然后把自学过程中遇到的问题和困惑带到课堂学习中来，借助教师的课堂教学和同学之间的相互学习，全面彻底地解决这些问题与困惑。与预习相对应，课堂学习的任务并不是学习学科知识，而是解决学生学习学科知识时可能存在的问题与困惑。那么，课后复习干什么呢？一是巩固当天学习过的学科知识，避免因为时间的流逝而对已经掌握的知识生疏或者忘记了；一是通过做作业的方式具体应用学习到的知识，并让自己对知识有更深刻的理解。这三个环节都是必不可少的，其中任何一个环节，都是别的环节所无法替代的。

下面我们来看王春同学的学习究竟存在什么问题，让他陷入了作业越做越多，而且成绩还不见长的困境之中。王春同学很明显的问题，就是在学习中少了一个环节，那就是课前预习。虽然王春同学上课很认真，课后做作业也很认真，但没有进行课前预习。当你问他的时候，他的理由很正当，那就是自己没有时间预习。可是，没有时间预习，并不意味着就可以不预习了。而且，需要想想，为什么没有时间预习？那是因为花了大量的时间去做作业。为什么要花大量的时间去做作业？是因为你上课时没有把学科知识学好。为什么上课时没有把学科知识学好？是因为仅仅靠上课那点时间和机会，根本就不可能把学科知识学好。那么怎么办呢？通过做更多的作业可以解决这个问题吗？肯定不可以。解铃还须系铃人，要弥补学习成效的不足，就只有延长预习的时间，这才是解决问题的根本之道。

二、"真正的预习"就是"真正的学习"

一年之计在于春，一天之计在于晨。说实话，我并不是特别喜欢春天，相比较而言，我更喜欢秋天。春天花枝招展，看起来很热闹，但总让人觉得不踏实。秋天则没有春天那么五颜六色，但却是收获的季节。有朋友对我说，你这样的爱好是不对的，如果没有春天的播种，哪有秋天的收获；如果没有春天的花枝招展，哪有秋天的硕果累累？他这样一讲，我才真正明白了"一年之计在于春"的道理，原来，春天的重要并不在于她收获了多少，而在于她是播种的季节，如果没有春天的播种，夏天的孕育、秋天的收获和冬天的储备都不可能实现。但春天也有春天的烦恼，那就是虽然她为一年播下了希望，但她离收获却是最远的。想到这儿，我不由得为课前预习叫起屈来。与春天的处境相似，课前预习是播种的学习时段，但也是离学习成果最远的学习时段。而在课堂学习中，教师和同学都看得见你认真不认真，学得好还是不好。课后复习就更是收获的学习时段了，你会做这道题目，就证明你学会了；你不会做这道题目，就表明你没有学会。可是，真正决定你在课堂上学得好还是坏，作业做得对还是错的，很可能是你在预习上投入的多少。

要说大家都忽略了预习，似乎也不完全对，今天那些时髦的课堂教学模式，基本上都说到"先学后教"这个词，这证明了大家对于"先学"的重视程度。但是，非常遗憾的是，这儿的"先学后教"并没有把"先学"和"后教"区分开来，而是将它们都放在课堂教学之中进行。这实在不是什么高效的课堂教学方法，仅仅是对学生没有进行课前预习的一种补偿性举措。当然，我无意批判这种课堂教学方法多么不好，毕竟，能够补偿没有课前预习，肯定比完全忽视或者漠视没有课前预习，要有效一点。在这儿将"先学后教"抬出来，是想强调"先学"应该是要求学生在课前学习，"后教"是指课堂教学要在学生课前学习的基础上展开。因此，要真正解决当前课堂低效的问题，只是在课堂中增加学生的自学时间是远远不够的，为学生的课前学习预留时间和空间，让学生在课前就能充分地学习，这才有可能真正提升整个课堂教学的高度，让课堂教学在为学生解惑和引领学生更深刻地理解学科知识上更加高效。

当我们去听名师们介绍自己成功的教学经验时，往往觉得没有什么新意，他们做的事似乎自己也都做过。可是，这就更让我们觉得困惑：他做的事我也做过，为什么最后他成了名师，我却只是来听他介绍经验的普通教师呢？在教育中，尽管你做了很多事情，但如果做得不到位，就等于白做了；不但等于白做，更重要的是，你还浪费了把这件事情做好的机会，错失了对学生进行良好教育的机会。我想，预习也一样。如果说现在的学生都没有预习，那肯定是不对的，很多老师也会反对我，因为老师们或多或少也会让学生预习。但是，究竟什么样的预习，才算是真正到位的预习？长期以来，大家都认为预习就是事先看看教科书，正是这样的态度，让学生觉得学习的任务，最终还是要到课堂上依赖教师来完成。然而，真正的预习就是真正的学习，不管是课前预习、课堂学习，还是课后复习，都是整个学习过程的一个环节。对学生来讲，既然学习是自己的责任，那就意味着在每一个环节都要抱着认真的态度，按照彻底的原则来展开。如果都把学习的责任推到课堂学习上来，那就等于大家都把学习责任推给了教师，而这是教师无论如何都承担不了的责任。

三、预习让课堂变得深刻起来

有了学生的课前预习，才可能有教师真正的备课。备课主要是备三个方面的内容，一是备教材，二是备学生，三是备方法。其实这三个方面的内容，都是以辅助学生的学习为最终目的的。可是，学生不预习就来听课，那就意味着这个学生是"零"，教师自然就没有必要去备学生了，也正因为如此，现在的教师才普遍抱怨学生"太笨"。我想，并不是因为学生真的笨，你看，他们打起游戏来是多么执着与聪明，你看，他们在自己喜欢的事情上是多么愿意表现自己的智慧，他们在学习上让教师觉得笨，在很大程度上是因为在学习上没有做充分的准备。其实教材也不需要教师怎么备，对书上的那些东西教师已经很熟悉了，而学生却觉得陌生，这就意味着教师只需要把书上的东西搬给学生就足够了。于是，教师们备课的重点，自然就落在教学方法上了。课堂上的教学方法，要么以学生为出发点，要么以教材为出发点，要么为了方法而方法。既然教师不需要备学生，自然就不大会以学生为出发点；既然教师不怎么备教材，那就意味着以教材为出发点的不多；因此，剩下的就是为了方法而方法了。现在评价一堂课好不好，不是看教学任务完成得怎么样，而是看教学形式是否多样，教学工具是否都用过，学生是否发过言。偶尔有一两堂好课，也多归功于教师把教材演绎得比剧本还精彩，而真正以学生为出发点的课堂，是很难有那么多的亮点的。因此，要让一堂课变得深刻起来，不一定要在方法上如何深刻，也不一定要在备教材上怎么深刻，而一定要在备学生上深刻起来，这就要求学生在进入课堂前能够有充分的准备。

有了学生的预习，才可能让教学内容深刻起来。可以这么说，学生在一堂课的预习上花了多少工夫，就决定着这堂课能够把教学内容学到什么的程度。一堂课的教学深度，并不是由教师决定的，而是由学生提出，由教师与学生共同演绎的。如果学生根本就不预习，这就注定了教师只能在课堂上讲点肤浅的东西，一旦把教学内容讲得深刻起来，那就不得不面临被学生抛弃的局面。之所以说课堂教学的深度是由学生提出的，是因为教学深度必须以学生现有的准备状态为基础，过高，学生会跟不上，过低了，学生则没有兴趣。那么为什么又说课堂教学的深度是由教师与学生共同演绎出来的呢？这是因为如果教师一方过于深刻，课堂就变成了教师卖弄的舞台；如果学生一方过于深刻，教学就失去了指导价值。因此，如果学生通过预习提高了自己，那么整个课堂教学的水平就提高了。

有了学生的预习，才可能让学生在课堂中主动起来。在生活中我们经常听到这样一句话——人并不是因为爱而付出，而是因为付出才爱。这句话不是放之四海而皆准的公理，但在课堂教学中，它还是有用武之地的。当学生不预习就去听课时，他对课堂就没有什么期待，于是教师怎么上课他就怎么听课，教师让他做什么他就做什么，到最后，他究竟学到了什么，或者什么都没有学到，责任自然就是教师的。这就不难理解，为什么现在很多教师都觉得，学生并不是在为自己的考试成绩，而是在为教师的教学业绩读书了。学生充分预习之后再去听课，他对课堂就有了期待，比如如何解决自己在预习中碰到的困难，如何让教学内容因为教师的指点而变得更加深刻,这样的课堂就变成了学生自己的课堂。判断一堂课好不好的标准，并不是教师自己表演得如何，也不是教师教学方法选择得如何，而是这堂课是不是解决了学生的学习疑惑，是不是对学生理解教学内容有帮助。如果做到了这一点，学生就会为自己下一步的学习制定更高的标准；如果没有做到这一点，那么学生就只有通过复习来弥补还没有实现的学习目标。

预习真的可以起到如此重要的作用吗？是不是学生好好预习了，就可以保证他把知识学好，就可以保证他在考试中取得好成绩？本文虽然对预习抱着特别的期待，但并不是说预习就是灵丹妙药，能够包治百病。之所以对预习抱着特别的期待，是因为目前预习的学生人数太少，预习的深度还远远不够；之所以说预习并非灵丹妙药，是因为预习只是一个播种的过程，真要得到收获，还需要我们在课堂学习和课后复习上科学投入。此处的"科学"，一是指时间上要科学，不要过多，也不要过少，更不要因为上课或者复习占了过多的时间，从而抢占其他学习环节的时间；一是指方法上要科学，勤奋与认真肯定是需要的，但如果只有勤奋与认真，没有科学方法的支撑，也很难取得理想的教育成效。

4. 精选教学内容

要想在考试中有好成绩，就要在平时掌握更多的教学内容，这似乎是一个亘古不变的真理，也是指导教师教学和学生学习的基本原则。但这个原则就一定正确吗？我们长期以来还一直在坚持另外一个原则，那就是要有足够多的钱花，就得先在银行储存足够多的钱。可是，当我们真的在银行储存足够多的钱时，才发现能够花的钱却变得越来越少了，因为钱贬值的速度远快于银行利息的增长速度。同样的道理，有没有可能学生掌握的知识多了，考试的时候考出来的知识却反而少了呢？如果存在这种可能，那就真的需要我们对课堂教学有全新的认识，对目前这种讲得越多、学得越多，就考得越好的教学假定，进行新的审视。

一、"都是重点"等于"没有重点"

我有一位朋友，一直是大家公认的老好人，他也自认为是大家的好朋友。可是，当他要买房，准备向大家借点钱暂渡难关的时候，才发现事实并不是这样，他身边的每位"朋友"都告诉他自己没有钱。到了这个时候，他才明白一个道理，那就是如果你把每一个人都当朋友，当你需要朋友的时候，你就一个朋友都没有。再看看那些看起来人际关系并不好的人，他们虽然朋友不多，但总有几位挚友。一旦需要帮助，这些挚友虽然不一定很主动地去帮他，但只要他去求助，就很少有人会完全推托。讲这个故事，并不是提倡大家不要多交朋友，而是提醒大家在与多数人保持良好的人际关系的基础上，还应该结交几位挚友。前者可以让我们在社会中过着"不被人害"的生活，后者可以让我们过着"有人帮助"的生活。

在我们的课堂教学中，教师为了帮助学生掌握学科知识，惯常采用的方法，就是把本学期需要掌握的学科知识分解成若干个知识点，然后在一学期的教学周期中，把每个知识点都当重点来教。如此一来，就出现了教师在每堂课中都有一两个教学重点的现象。这种教学逻辑看起来不错，把一学期的教学内容分解成若干个知识点，的确有利于学生从无到有地掌握学科知识，从而避免因为一口吃下太多的知识而噎着；在每堂课中都重点讲解一两个知识点，也的确可以让学生循序渐进地掌握知识。但这样的教学方式是不是就真的没有问题呢？学生在一堂课中有重点地掌握了两个知识点，在一周内就有重点地掌握了十个知识点，在十周内就有重点地掌握了一百个知识点，在一个学期内就有重点地掌握了两百个知识点。虽然学生对每个知识点都是有重点地掌握了，但当学生突然要面对两百个知识点时，他还分得清楚哪个是重点哪个不是重点吗？当学生无法分清楚哪些是重点哪些不是重点时，他在期末考试中能够考出理想的成绩吗？这就像我们有很多珍珠，但如果缺少把珍珠串起来的那一根细绳，就不可能造就一条真正的珍珠项链。

教师把每个知识点都当重点教，看起来是对学生最负责任的做法：一是可以保证教材上所列的所有知识点都教到；二是可以保证试卷中出现的知识点都被教师有重点地强调过或者教授过。这样，学生在考试的时候还不了解这些知识点，或者在考试中没有把试题解答出来，自然就是学生自己的责任了。可是，是不是教师把每个知识点都有重点地教了，学生就一定能够在考试中考出好成绩呢？如果是，那么学生在考试中考不好的责任自然就应该归因于自己；但如果并非如此，那就意味着老师有必要改变自己的教学方式，用更有效的教学方式来传授学科知识。究竟怎样才能够让学生对学科知识的学习更加有效呢？

二、知识"轻重之别"胜于"多寡之分"

曾经碰到过一位教过多轮高中的教师，在我的印象中，他的班在高一和高二的时候，考试成绩一直没有另外一位新教师带的班好，但在今年的高考中，他的学生却考得特别好。于是我问他，你今年高考运气蛮好的嘛，怎么会突然考得这么好？比那位新教师好多了，而这在以前是蛮难出现的。这句话对他刺激太大了，他有点生气地说，自己的学生考得好并不是靠运气，而是因为自己对学生整个高中阶段的学习有一个相对完整的计划；而新教师虽然在整个高中阶段都很努力，但由于缺少一个完整的教学计划，所以越到后来就越不行。这就让我更加困惑了，我说，谁的教学没有计划呀？难道就你的计划管用，别人的计划就不管用？他说，话虽然不能这样讲，但事实的确如此，正因为自己以前教过几轮高中，所以对整个高中三年的教学能够有长远的计划，这样就会在高一和高二时，对那些高考重点考的知识重点教，对高考不重点考的知识轻松地教。由于学生学的知识详略得当，等到参加高考时，轻重缓急就拿捏得比较准。如此一来，学生不但平时学得比较轻松，而且考试的时候成绩也不会差到哪儿去。

他接着说道，至于那位新教师，你别看他的学生在高一、高二的时候考得比我的学生好，在每个月的月考和每学期的考试中取得可喜的成绩，那是因为他把整个高中阶段要教的知识，不分轻重地均分到了每个月或者每个学期，看起来把每个知识点都教到位了，但由于是均衡用力，所以学生虽然把每个知识点都学了，但存在一个非常大的问题，就是没有区分知识中的重点和非重点，于是一上高考考场，就不能有效利用学到的知识。接着，他更详细地举例说，假设我们在高一的一个月里要教四个知识点，由于我教过几轮高中，自然能够区分这四个知识点的重要程度。假设其中有两个知识点是重点，另外两个知识点并不是特别重要，那么我就会拿一个星期解决那两个并不怎么重要的知识点，拿三个星期来解决那两个重要的知识点。我这样的教法肯定更有利于学生在高考中取得优秀的成绩，但却不能保证学生在月考中取得优秀的成绩，因为月考总是相对均衡地对待四个知识点，可我却没有对那两个我认为不够重要的知识点给予足够的重视，这样就导致我的学生只能在月考中拿到我重点教的知识点的成绩。但青年教师却不知道这四个知识点在高考中的轻重缓急之分，所以只好采取一个星期教一个知识点的方法，看起来把每个知识点都教到位了，但他的学生在高考中却考不过我的学生。他的学生在月考中容易取得好成绩，是因为他如此均衡地教授四个知识点与月考均衡地对待四个知识点的逻辑是一致的，可正是由于这个一致，正是有了月考对他教学效果的确认，反而让他坚持不懈地用这种方法教下去，直到在高考中碰壁。

听完他的解释，我突然明白了一个道理，那就是决定学生考试成绩的因素，远不只是学生掌握知识的多与少，更重要的还在于学生是否能够区分知识的轻与重。就课堂教学而言，既然教师的教学功能是帮助学生掌握知识，那么教师既有责任帮助学生掌握更多的知识，也有责任帮助学生区分知识的轻与重。问题在于，在哪一个"责任"上学生对教师的需求更强烈呢？至于掌握更多的知识，哪怕没有教师的帮助，学生自己也是可以完成的，只是进步会慢一点；至于区分知识的轻重，如果只是靠学生自己的经验，不但会进步很慢，而且很可能是一件难以完成的任务。教师可以教几轮高中，而学生却不大可能考几次高考；教师是先掌握了整个学科知识再去教学生的，而学生一旦掌握了整个学科知识，就毕业了，所以，不管是从高考的角度，还是从整个学科知识的角度，教师帮助学生区分知识的轻重，都应该帮助学生掌握知识的多少更有优势，也更有责任。

三、"选择知识"胜于"传授知识"

在大学教书，觉得最郁闷的事，就是教材实在太薄了，教不了几周，教材就被讲完了。与之相反，在中小学教书，觉得最郁闷的事，却是教材实在太厚了，哪怕教一个学期，教材也很难讲完，甚至还要通过补课来完成任务。当我去问中小学教师，为什么那么薄的教材在一学期都教不完，而我们的教材那么厚，却在那么短的时间里就教完了呢？他们往往回答我说，你们教的是大学生，人聪明，所以你们一讲他们就懂了，自然你们就教得快；可我们教的是中小学生，现在的中小学生你知道有多笨吗，不论我们怎么讲，他们都听不懂，所以我们的进度自然就慢了，只好通过补课来保证教学进度能够正常完成。

这样的解释听起来还是蛮有道理的，但在解决了这个问题的同时，却产生了另外一个问题，那就是既然学生有聪明与不聪明之分，为什么中小学教师还必须按照同样的标准，把教材上的所有知识都讲给学生听呢？如果教师碰到了聪明的学生，那么不但要把教材上的知识讲完，还应该为他们补充一些知识；如果碰到了不聪明的学生，就不应该把教材上的知识都讲完，而应该根据知识的轻重之分，选择那些重要的知识传授给学生，把那些不怎么重要的知识剔除掉。毕竟，教材是统一编写的，教材的编写者不可能在一本教材中同时照顾到聪明的学生和不聪明的学生，那就只好通过教师对知识的选择来照顾不同聪明程度的学生了。按照上节的分析，只有教师把教材中不同知识点的轻重区分出来，才可能让那些并不是天才的学生，对重要的知识点重点学习，对不重要的知识点不必重点学习；对于那些不聪明的学生来讲，那些不重要的知识点甚至不必学习。有了对教学内容重要性的区分，可能远比通过补课的方式来完成教学任务，更有利于学生掌握知识和考出优异的成绩。

要让教师为具有不同学习能力的学生选择不同的教学内容，不但需要教师有选择教学内容的勇气，更需要教师有选择教学内容的智慧。在教师们看来，如果自己完全按照教材的编排来上课，只要把教材上的知识点讲完了，不管学生掌握还是没有掌握，考得好还是考得差，自己需要承担的责任都是有限的，别人最多会说自己教学水平不够高；可是，如果自己敢于根据学生的聪明程度来选择教学内容，不管学生聪明还是愚笨，如果考差了，都有可能把责任归结到教师对教学内容的选择上来，比如考的没有教，或者教的没有考，等等。此外，既然教材是专家们编撰出来的，教材对知识的选择水平也一定高于绝大多数教师的选择水平，那么，教师怎么敢相信自己对教学内容的选择就是正确的呢？既然自己都不能证明对教学内容的选择比教材本身更好，那就干脆直接用教材好了，何必多此一举呢！

其实，教师对教学内容的选择，并不是说对某些知识不教了，而是指把教材中的知识进行简化，把那些不是特别重要的知识过滤掉，因此，整个知识结构还是完整的，这就避免了因为挑选知识而漏教某些知识的情况。之所以要对教材提供的知识进行选择，并不是因为教师不信任教材，而是因为教材本身是针对中等学习能力的学生编写的，而教师在课堂中面对的学生却是多元的；另外，从教材提供什么教学内容，到试卷要考什么教学内容，中间也是需要选择和转换的，而且往往是谁选择和转换到位了，谁的学生就会取得更好的考试成绩，自然，教师的教学业绩也就更好了。

5. 应该如何"备"课堂中的学生

备课是教师经常性的工作，它既是开展课堂教学的前提，也是决定课堂教学质量的关键要素，而备学生则是备课中最为重要的环节。备课大致包括备知识、备学生与备情境三个部分。学科知识大致是不变的，它主要是新教师面临的挑战，对于老教师来说，学科知识已经内化在个人的教学经验之中了。教学情境是每日每新的，它更需要教师在课堂教学中的生成能力，而不是教师对教学情境的预设水平。学生是教师备课中最为重要的内容，也是最难操作的内容。这是因为学生本身是由单个学生组成的群体，还因为学生是学科知识与教学情境的综合者，对学习过程有着自己的主观能动性，而且这是教师无法强制的。因此，备好学生是优质课堂的前提，而如何备好学生则是课堂教学面临的关键问题。

一

备好学生的前提，是对学生有全面的了解。这儿的"了解"有双重含义：一是对学生学习与生活现状的熟悉，二是对学生学习与生活的发展规律的熟悉。课堂教学的目的并不仅仅是教会学生适应现状，更重要的是要让学生在学科知识与社会生活中有所发展。需要强调的是，学生的发展的确需要以现状为出发点，但课堂教学真正的目的仍然是促进学生发展。对现状的熟悉是为课堂教学寻找到准确的起跑点，对发展规律的熟悉是为提高课堂教学质量寻找到科学的方法与策略。

在课堂教学中，教师面对的是由几十位学生组成的学生群体，我们要求教师熟悉学生的学习与生活现状，这本身对教师就是一个挑战。每位学生都有自己独特的生活环境与人格特性，要掌握每位学生的学习背景，就需要教师在日常教学生活中仔细观察与悉心收集。对优秀教师而言，通过在教学生活中的日积月累，对班级学生还真能够做到"如数家珍"，能够全面地了解与理解学生的学习底色。但是对学生学习与生活现状的熟悉，还远没有达到能够"备好学生"的要求，只能说完成了备好学生的前提性任务。既然课堂教学的目的是促进学生基于现状的发展，那么，熟悉学生学习与生活的发展规律与模式，才是备好学生的根本任务；而学生学习与生活的发展规律与模式，正是开展课堂教学的逻辑基础。

在没有熟悉学生学习与生活的发展规律与模式之前，我们只好将课堂教学建立在"态度"与"勤奋"之上。虽然二者的确可以促进学生发展，但这种发展模式很可能在培养了学生学习意志的同时，却丧失了培养学生学习智慧的机会。比如，我们总是提倡"笨鸟先飞"，以此激励学生用"勤奋"弥补自己在"智慧"上的不足。可事实上，"先飞"并不能克服"愚笨"的缺陷，勤奋与智慧因为异质而无法相互取代：不聪明的勤奋会将学习搞得更乱，而聪明的懒惰更有利于学习的可持续发展。更让人担心的是，很多学生简单地用"先飞"来替代对学习智慧的追求，结果不但克服不了"愚笨"的缺点，反而让自己在学习上因为缺少学习智慧而变得越来越笨，越来越依赖于"先飞"。总是得不到合理回报的"先飞"最终会更严重地打击学生，常常使学生失去对学习的兴趣。

今天，在许多教室中都贴有"书山有路勤为径，学海无涯苦作舟"的标语，这句话也是许多学生学习的座右铭。它的确激励了不少学子，可它本身却暗含着对"勤奋"与"吃苦"的盲目乐观主义精神，或多或少在心理上制约了学生对学习方法与学习智慧的探索。如果学生与教师真的按照这个标语这样思考，那么这个标语既是对学生学习的误导，也是对教师教学设计的误导：学生认为读书没有别的方法，就是勤奋与吃苦；而教师则认为教学没有别的方法，就是敦促学生勤奋与吃苦。

二

为什么我们总是将学习与吃苦、教学与奉献联系起来呢？为什么课堂教学中的劳动就非得成为一种对身体与精神的"折磨"呢？其实，任何事情都有它的内在规律，如果我们按照内在规律办事，就能够事半功倍，还可以享受工作过程中的内在幸福；如果我们远离内在规律而自行其是，不但会事倍功半，还必须承受工作过程中的压力与无奈。所以，在课堂教学中，我们的确需要教师与学生的"态度"与"勤奋"，但更需要他们对课堂教学内在规律的把握，将教师与学生的"态度"与"勤奋"用在"事半功倍"的"事"上，并用可喜的课堂教学效果去进一步激发教师与学生的"态度"与"勤奋"；而不是将"态度"与"勤奋"用在"事倍功半"的"事"上，进一步打击教师与学生的"态度"与"勤奋"。

课堂教学的目的不是教师的表演，而是学生的成长。因此，课堂教学内在规律的核心内容，是对学生发展规律的理解与熟悉。在备课的过程中，首先要确定学生的成长目标，并根据这个目标选择可行的教学方法与策略。与之相应，只有选择的成长目标是能够实现的，我们才可能找到与之相适应的教学方法与策略；只有确定的成长目标对学生是有吸引力的，学生才会采取更积极的学习态度与更勤奋的学习行动。面对由单个学生组成的学生群体，我们如何来确定学生的成长目标呢？究竟哪些成长目标是他们能够实现的呢？有对所有学生都适合的成长目标吗？有对所有学生都有吸引力的成长目标吗？对这些问题的回答，或许就是"备学生"时最需要教师投入智慧的工作。

真正地"备学生"，远不只是知道学生的学习现状与生活状况，更重要的是要知道班里大多数学生都处于哪种认知发展水平，学生在学科学习上有多大的发展潜力，也就是要知道自己的学生应有的一般思维水平与学习发展阶段，并据此为学生提供相应的学习内容与学习方案。只有通过对学生一般思维水平与学习发展阶段的了解，才能够真正地帮助教师懂得如何用一种能促进学生认知发展而不是压制学生学习积极性，能帮助学生更好地融入社会生活，而不是被大家排斥的方式来教育与激励学生，教师也才能够因此而知晓学生哪些表现是常态的，哪些表现是病态的，从而为学生提供帮助。对教师来说，了解学生认知发展与社会道德发展的现状及发展阶段是制定课堂教学计划的前提。

学生的认知发展就是学生获得学科知识与提高学习能力的过程。学生认知发展的方法与途径往往因人而异，但其发展趋势是基本一致的，比如正常状态下的学生总是越来越聪明，而不是越来越愚笨。尽管聪明总是我们追求的目标，但如果我们对学生的认知发展提出了过高的要求，不但达不到聪明的目标，反而会压抑学生的学习积极性。因此，教师要理解不同年龄阶段、不同学习水平学生的一般思维水平如何，在教师的帮助下，学生的学习潜力能够达到哪种程度的学习效果，为了实现既定的学习效果，又有哪些切实可行的学习机制。非常幸运的是，有些研究人员已为我们提供了很多值得参考的内容，比如皮亚杰的认知发展阶段论。通过对自己小孩的观察与研究，皮亚杰提出了认知发展的四阶段论：两岁前的小孩处于感知运动阶段，主要表现为小孩只有简单的感觉输入和直观的动作输出；两岁到七岁间的小孩处于前运算阶段，这个阶段儿童是以自我为中心的，但可以用符号来取代具体事物；七岁到十二岁间的小孩处于具体运算阶段，能够对具体事物的概念进行对比与类比；十二岁到成年之间属于形式运算阶段，具有理解抽象事物并进行抽象思维的能力。虽然皮亚杰的思想并不能完全地、科学地解释学生的学习过程，但多少让我们认识到了学生学习并不是一蹴而就的，也不是简单地用"态度"与"勤奋"就能解决的，学生学习需要一个过程，这是急不来的。同时又激发我们进一步思考，哪些学科内容是哪个阶段的学生可以理解与掌握的，比如，应该给特定年龄阶段的孩子开设哪个层次的数学课程，如何根据学生的思维发展阶段特点对他们进行语文思维的训练。

学生的社会道德发展也是一个渐进的过程，我们不能简单地因为学生没有具备良好的社会道德，而过早地给学生贴上"缺德"的标签。按照皮亚杰的理论，如果我们给两岁到七岁的孩子贴上"自私自利"的标签，从客观事实上来看是正确的，但错误在于我们没有理解这个年龄阶段孩子的成长仅仅处于"自我中心"的阶段，如果这个年龄阶段的孩子不"自私自利"，反而说明这个孩子的道德发展不正常。事实上，学生社会道德的发展也是按照一定规律进行的，正如心理学家艾里克森对人的心理社会发展过程的剖析，又如柯尔伯格对人的道德发展所提供的研究成果。心理成熟总是好的，但获得心理成熟的过程却是渐进的，总是按照不同年龄阶段的学生收获不同心理感受的规律来发展的，对这个过程的认识得感谢艾里克森；习得社会道德总是好的，但社会道德的习得过程也是有序的，总是从外在的强制走向内在的自律，对这个过程的揭示得感谢柯尔伯格。尽管他们提供的知识不一定完全正确，但多少为我们认识学生的社会道德发展提供了更为深刻的认识方法。

三

原来要"备"课堂教学中的学生，并不是简单地对学生的基本信息与学习情况进行了解，更为重要的是"备"教师自己，要为自己准备与课堂教学相关的学科知识，更要为自己准备学生成长过程中的内在规律与阶段特征。因此，要备好课堂教学中的学生，至少需要教师在以下三个阶段做好自己的工作。

第一，收集学生基本的生活信息，并对学生具体的学习情况与生活状况予以了解。这个过程需要教师在日常生活中留心，能够充分利用与同学以及学生家长交流的机会，来收集学生更为全面的学习背景信息，并将这些信息有序地整理与保存下来。需要提醒教师的是，在收集学生基本生活信息时，要注意保护学生的个人与家庭隐私。

第二，借助于理论学习了解学生学习阶段与学习思维的发展过程。尽管每位教师都希望自己的学生迅速地掌握学科知识，并充分地理解与接受社会道德，但学生只是一个成长个体，而不是成熟个体，正是因为有了我们的科学帮助，他们才能逐步地获得掌握学科知识的能力，理解社会道德并逐步将其内化。所以，我们对学生学习的帮助是否科学，不但决定着课堂教学效果的好坏，还决定着我们对学生学习与成长的作用是引导还是误导。

第三，不管学生的成长目标多么高远，都必须起步于现实，并依托于学习的潜力与成长规律。对教师来说，最为核心的工作，还在于如何将学生的现实与成长理论结合起来。每个学生都是特定的，每堂课都有着独特的教学情境，将学生的成长理论嫁接到学生的现实生活之上，或许这已经超越了课堂预设的范畴，而进入了课堂生成的境界，这就表现为教师的教学艺术了。

6. 结识真实的学生

　　人们对教师有一个非常可人的称呼，那就是"孩儿王"，可惜，很多人没有将重心放在"孩儿"上，而是放在了"王"上，使得教师主要是想"王孩儿"，而不是真心实意做"孩儿王"。如果你是一位刚刚走上讲台的新教师，那些关照你的老教师一定会提醒你，要对你的学生凶一点，否则以后你会管不住他们。可是，真正对学生凶了以后，不仅管不住学生，学生反倒因为你凶而变得更凶。本来，你的凶是装出来的，谁知，学生的凶却是实实在在地培养出来的。于是，你只好埋怨现在的学生太凶，实在是没有办法管。可你是否想过，学生这么凶，并不是他们本来如此，而是你那么凶的管理模式培养出来的。当然，教师对此也有自己的困惑——如果对学生不凶，又怎么管得住他们呢？

一、打开学生这个黑箱

　　新学期就要开始了，王老师一直处于焦虑状态，从这学期开始，他就要当班主任了。其实王老师对这个班的同学并不陌生，他当这个班的数学老师已经有两年了；但正因为这两年担任数学教师的经历，让他觉得要管好这个班的学生不容易，不要说管好这个班了，这两年自己的数学课堂都一直处于"风雨飘摇"之中。看着王老师难受的样子，我忍不住问他，你为什么怕学生呢？你年龄比他们大这么多，知识也比他们丰富这么多，不管怎么说，也是学生怕你，而不应该是你怕学生呀。王老师说，怕学生肯定是不会怕的，关键是怕学生不怕我，因为他们不怕我，我就没有办法去管他们。于是，整个暑假王老师都在想办法，如何在开学之初就在学生面前树立威信，而树立威信的前提似乎就是让学生怕他，在开学时就镇住学生。当王老师说完他的想法时，我不但理解了他的焦虑，更理解了为什么他的数学课堂始终处于"风雨飘摇"之中。

教师要管得住学生，这是肯定的，如果连学生都管不住，那就不要谈教育学生了。可是，就"管理学生"来说，教师应该在"管理"上花工夫，还是应该在"学生"上花工夫呢？很明显，王老师是在"管理"上花工夫，为了让学生怕他，也为了能够真正地镇住学生，就需要想一些管理的奇招出来，等到开学的时候使用。可是，真的有那种放之四海而皆准的管理方法吗？经常听班主任老师说自己是如何管好班级的，可把这些方法用到其他班级，有用的不多，没有用的倒不少；也经常听科任老师介绍他们是如何让课堂有序的，但这些方法别人用起来效果往往就不明显了。所以，管理是一门学问，如果离开了对学生的了解，单独考虑管理的方法与策略，结果可能并不是管理有效了，而是让学生对你的管理深恶痛绝。

没有学生，也就不存在对学生的管理，因此管理学生的前提，是对作为管理对象的学生有全面的了解。虽然王老师以前当过这个班的科任教师，但毕竟对这个班的学生还不够熟悉，也正因为对学生不够熟悉，所以他以前的数学课堂有点乱，他现在对于如何当这个班的班主任思路也比较乱。举一个不是很恰当的例子，当你射箭的时候，如果你的靶子非常清晰，你一定会一箭一箭瞄准了再射；如果你的靶子是模糊的，最好的办法就是抓一把箭乱射，可是，越是乱射越是射不中靶子，反而影射出你内心的恐慌。教师担心自己管不住学生的时候，最好的办法不是躲在办公室里想管理的办法，而是勇敢地走到教室里，接触和了解自己的学生，甚至主动参与学生的活动。真正了解了学生，可能你就会发现你考虑的那些管理举措要么是不恰当的，要么是没有必要的。

二、悦纳学生的真实表现

老师们把课堂管理看得这么重，并不是因为课堂管理能够提高教学效率，而是因为大家生怕学生在没有被管理的情况下破坏课堂秩序，从而降低教学效率。可是，是不是有了课堂管理就一定会有课堂秩序呢？是不是没有课堂管理就一定会导致课堂失序呢？尽管老师们课堂管理的动机就是维持课堂秩序，但很难说有了良好的动机，就会产生良好的结果，因为不适当的课堂管理反而有可能诱发课堂秩序问题。没有课堂管理也不一定导致课堂失序，毕竟，没有学生到学校读书的动机就是破坏课堂秩序。之所以把这两种情况拿来解释，就是想告诉老师们，在没有找到可行的课堂管理策略之前，不要急着对学生的课堂表现采取行动，按兵不动可能比乱动更有利于课堂教学效率的提高。

在对学生没有足够了解的情况下，哪怕是运用别人证明最有效的管理方法，也不一定能够取得预想中的管理效果。既然老师对学生还没有足够的了解，就意味着老师不可能马上就提出一种有效的课堂管理方法；既然老师对于如何管理课堂还没有一套有效的方法，那就不得不相信大多数学生的本性是善良的，是会与人合作的。在信任学生的情况下，老师可以全方位地观察，在没有管理约束的情况下，每位学生的本性是什么，哪些学生是性格外向的，哪些学生是需要激励的；整个班级的运转在哪些方面是值得保留和放大的，哪些方面是需要优化甚至放弃的。在老师没有足够胜算的情况下，保持沉默是最好的管理方法。只有保持沉默，我们才可能看到学生最真实的表现，进而为他们提供的管理举措和教育教学，才可能是他们最需要的，也才最能扫清他们发展的障碍。

传统的管理思想，都提倡教师要"新官上任三把火"，先把学生镇住再说。

可是，在彼此都还不了解的情况下，老师越是急着表明自己的管理态度和管理方法，就越是证明自己的管理态度和管理方法多么武断。你根本就不了解这些学生，你却采取非常强硬的管理方法。这样，在学生看来，自己就成了被教师监管的对象，成了教师追求教学业绩和管理政绩的工具。教师教育学生的水平，主要在教育教学过程中表现出来；教师教育学生的目的与态度，则是在管理学生的过程中表现出来的。教师武断地管理学生，不但证明教师对待学生的态度不好，还证明在以后的教学过程中，不是教为了学，而是学为了教，因为一开始学生就已经处于极其被动的地位。对此，很多教师会不服气，认为自己管理学生的目的，就是帮助学生更好地学习，难道放任自流才是最好的吗？

三、有了真实性才有针对性

"好心不得好报"这句话常被用来批评受益者接受了人家的恩惠，不但不给予回报，还往往对施惠者心生抱怨。很有意思的是，做了好事的人最常做的，只是对"忘恩负义"者的抱怨，却很少反思自己行为的适当性。其实，有时候在受惠人看来，施惠人给予他的并不是恩惠，而只是在施惠人看来是而已，受惠人甚至还可能因为施惠人不恰当的施惠行为而受到了某种伤害。因此，对于施惠人来说，充分了解受惠人的真实需求，而不是急于按照自己对受惠人的需求的理解来施惠可能更有意义。

一个班级总共有几十位同学，而课堂中的老师只有一位，所以学生了解老师相对容易，而老师了解学生却比较困难。就课堂教学来讲，老师在备课时不但要备教材，更重要的是备学生，当然，此处讲的备学生主要是指备学生的知识储备状态和学习可能性；就课堂管理来讲，老师完全要根据学生的现场反应来展开。由于课堂管理是附属于课堂教学的，所以并不是学生一来到课堂就要开始管理。课堂一开始，课堂教学就开始了。课堂教学开始了，老师对课堂，尤其是对课堂中的学生的观察就开始了。老师通过对学生全面的观察，才能够发现什么时候需要将课堂管理融入课堂教学过程之中，什么时候需要将课堂管理单列出来。换句话说，在课堂教学中，比考虑如何进行课堂管理更重要的事，是判断是否需要课堂管理。

如果班级学生表现得非常好，每个同学都能够积极主动地学习，同学之间也能够相互帮助，那么这时根本就不需要课堂管理，因为在老师没有实施课堂管理行为的时候，课堂管理的目的已经实现了。如果课堂上只有少数几个同学无心学习，甚至时不时干扰其他主动学习的同学，那就需要对这几个同学进行"管理"了。但管理的前提是搞清楚这几个同学为什么无心学习，然后才是如何"管理"他们。如果在没有搞清楚的情况下就行动，那么这几位同学很可能就会酝酿更具破坏性的活动。如果班上有较多同学无心学习，这时候课堂管理的重心就不是如何管理学生，而是如何管理"课堂"了，要看老师为学生提供的课堂是否是学生们喜欢的，是否能够被绝大多数同学接受；甚至要管理老师自己，要看自己的课堂教学方式是否恰当，自己对教学内容的选择与处理是否能够被学生理解。

事实上，不恰当的管理方式不但达不到管理的目的，反而会激化学生的违纪行为，甚至可能诱导学生产生违纪行为。如果班上只有几名同学无心学习，老师就批评学生学习态度不好，哪怕只是针对那几名同学，也会产生老师不期望的效果。因为，即使老师不批评，那几名同学也知道不好好学习是不对的。然而，由于老师并没有帮助他们解决学习上的问题，所以虽然批评他们了，他们还是做不到主动学习（老师往往还会因为自己批评过学生而学生没有改变而更生气）。而那些好好学习的学生，则会觉得老师为了少数几个同学而打破正常的课堂教学秩序是对自己好好学习的不尊重。所以，管理要有针对性，而针对性的前提是要有真实性。要搞清楚管理的对象是谁，他在课堂教学中存在什么问题，这些问题哪些是需要通过教育来解决的，哪些是需要通过管理来解决的。如果将教育问题以管理方式来解决，不但解决不了问题，反而会导致更多的管理问题出现。如果把管理问题通过教育方式来解决，那就成了迁就甚至纵容学生。比如在课堂上明明看到学生故意干扰其他同学学习，却不想办法制止他，而是想事后通过教育他来解决这个问题。

7. 教师与学生之间的误解与沟通

当下流行这样一个关于沟通障碍的故事，虽然不能将故事中的主人公类比为教师与学生，但它们之间的沟通障碍在教师与学生中也不容忽视。大家都知道，猫和狗是仇家。其实，阿猫阿狗们之所以为敌，是因为语言沟通上出了点问题。比较明显的是：摇尾摆臀是狗向伙伴示好的方式，而这一套"身体语言"在猫那里却是挑衅的意思；反之，猫在表示友好时喉咙里会发出"呼噜呼噜"的声音，而这种声音在狗听来就是想打架。结果，阿猫阿狗本来都是好意，却常常打做一团。课堂教学过程是教师与学生进行知识与心灵沟通的过程，在上述过程中是否也存在这种沟通障碍呢？我们如何利用彼此对教与学的反馈，来消除师生间的沟通鸿沟呢？

一

虽然大家都知道教学相长的道理，可现实生活中教师与学生之间的误会，却远比教学相长的案例更为普遍。在教育教学过程中，言语误解只是课堂上师生沟通障碍的简单形式，最容易被忽视而又最经常发生的，是教师与学生之间由立场不同或者知识背景不同而导致的沟通障碍。

我们先来认识由于立场不同而导致的师生沟通障碍。某老师为了激励学生甲，就对她格外关心并与她成为好朋友。当这位学生的成绩日益提高时，老师又用同样的方法教育其他同学。于是，这位同学开始疏远老师，并因此而恨老师，认为老师欺骗利用了她的友谊。老师也很委屈，之所以对她格外关心并与她成为好朋友，就是为了让她好好学习，既然目的已经达到了，当然还应该去关心其他同学呀。为什么师生双方会产生这种矛盾呢？双方都是对的，只是彼此的立场不同而已。学生为了教师的友谊而好好学习，教师为了学生好好学习而付出友谊，两者的出发点都是对的，可最终的结果却必然让双方产生冲突。

还记得在重庆某中学调研的时候，我们问学生最喜欢哪个学科的老师，最讨厌哪个学科的老师。学生回答道：最喜欢物理老师，因为我们考差了，物理老师会安慰我们而不是责骂我们；最讨厌数学老师，因为我们考差了，本来就很难过，他不但不安慰我们，反而责骂我们。其实，学生考差了，教师站在不同的立场上就会有不同的反应，而这些反应都是理性的，也是可以理解的。如果教师站在自己的立场上看，学生考差了就是对自己辛勤教学工作的否定，自然就会产生"恨铁不成钢"的感觉；如果教师站在学生的立场上看，学生考差了就是对学生勤奋学习的否定，自然就会产生同情学生的感觉。虽然我们可以分析教师有不同的立场，却不能因此要求学生来理解教师，因为学生既是当事人，又是远比教师稚嫩的教育对象。因此，虽然教师站在自己的立场上考虑问题是可以理解的，但如果真的要为学生的教育着想，还是要主动站在学生的立场上去理解与接受学生。

师生之间由于知识背景不同而导致的沟通障碍也不容忽视。学科教师大多都是大学相关专业毕业的，对学科知识的掌握也许较好；而学生往往没有接触过所学习的学科知识，所以他们对学科知识基本上处于无知的状态。让学科教师去教育学生，相当于用专业教练去培训业余选手，这就难怪在学科教师的眼中，学生总是"笨"的多而聪明的少了。其实，学生以后并不一定会专攻某一学科，也不可能在所有学科上都达到学科教师的水平，我们是否因为对学生的专业要求过高而打击了学生的学习兴趣呢？记得在一所中学里，语文教师为中学生开出的经典阅读书籍的总和，就是大学里为中文系学生开的必读书目。由此可见，学科教师更多的是"传授学科知识"，而不是"开展学科教学"，前者重知识的掌握程度，后者重知识的学习能力。可学生对学科的学习主要是培养学习能力而不是掌握学科知识。试想，多年以后，除非学生从事与那个学科相关的工作，否则，他对这些学科知识还能掌握多少呢？

二

如果教师以为学生读书都是为了"赚大钱与娶美女嫁帅哥"，那么无意于此的学生就不会再接受教师的教学；如果教师认为学生读书就是需要外在的压力与强制，那么原本有内在学习动机的学生就会因此受到严重的打击；如果教师认为学生读书都应该具有自主精神，那么原本不愿意读书的学生就会获得逃学的机会。所以，教师并不是不懂教学，而是不懂学习；既然不懂学习，也就难以保证教学是适当的。随着教学工作的延续，教师离自己的学生年代越来越远，对学习本身越来越陌生，可教师的工作正是帮助学生更好地学习。因此，了解学生的学习体验与需求，真切地理解学生的学习需要，能够更好地帮助教师帮助教师准备课堂教学；了解学生的学习体验与需求，能够更好地帮助教师选择适合学生学习现状的教学方法，引领学生进入教师为他们设计的学习流程；了解学生的学习体验与需求，能够帮助教师发现教学实践对学生学习产生的真实影响，从而不断地反思与优化教师自己的教学行为。

对学生来说，不但要理解学科知识，还应该尽可能地理解学科教师，更应该理解学科教师的教学策略与教学思维。学生并不是一个分散的个体，而是情感与理性的综合体，他不可能在讨厌学科教师的情况下仍然喜欢这门学科，也不可能在不理解教师教学方法与思维的情况下理解学科教师。因此，教师不但要向学生讲清楚学科知识的内在逻辑，让学生明白学科知识的结构与功能，而且有必要将自己的性格与教学风格表现出来，力求赢得学生的接受与理解，还必须将自己的教学策略与逻辑思维呈现给学生，力求让学生借鉴这些方法与思维来建构自己的学科思维体系。在教师与学生进行沟通的过程中，学生是一个被动的接受者，这就增加了教师的沟通责任：教师既要想方设法地理解学生及其学习体验，还要尽可能地向学生展示自己及自己的教学思维。

三

教师要了解学生的学习体验并理解学生的学习生活，这并不是一件容易的事。师生间的误解也并不因为我们寻找到了造成沟通障碍的原因而自动消解。如果只是为了理解特定的学生，教师可以通过谈心的方式，也可以通过与学生做朋友的渠道来达到目的。然而，教师并不能仅仅对个别学生的学习负责，还需要对全体学生的学习负责，这就大大增加了教师了解与理解学生的难度。

教师理解学生群体的前提，是要充分地了解学生的心理与思维发展阶段，这是学习心理学中最为重要的内容。教师面对的并不是单个学生的集合而是学生群体，他们具有大致相似的心理特征，在学习上处于大致相似的思维发展阶段。所以，通过对学习心理学的学习，教师可以建构一个学生群体的基本模型，这个基本模型可能与任何学生都不一样，但却能够代表所有学生的共同特征。教师建构学生群体基本模型的优势，还在于这个学生群体基本模型存在于教师的知识结构中，而不是停留在教师的教学经验中，所以它并不会因为教师年龄的变化或者经验的丰富而固化，反而能够根据学生群体的变化而逐步优化，从而避免教师由于年龄的增大或经历的丰富而与学生在沟通上产生隔阂。

教师也可以通过学生的习作来了解学生的学习体验并真切地理解学生。学生的习作可以分为两类：一是让学生直接写出自己的学习体验与生活感悟。教师可以让学生每周对自己的学习进行小结，对本周最有成就感的事件、最为沮丧的事件进行记录与分析，也可以让学生匿名评价"学科教师教学最为成功的是什么，最为失败的是什么，最应该修正的是什么"等问题，通过阅读学生的习作与评价，直接了解他们的学习感受。一是可以让学生在特定活动中间接表现出自己的学习体验与生活感悟，比如在班级中举行学习经验交流会，让学生主动谈谈自己的学习体验；也可以让学生向其他同学写学习经验与生活感悟交流信，通过对彼此学习经验与生活感悟的交流来表现自己，同时让教师看到学生最为真实的表现与感受。

　　教师以真心与爱心打动学生，并与学生做生活与学习上的朋友，这也是教师展现真实自我并理解学生的方法之一。有一位语文教师在课堂上诵读课文，为这篇课文的情感所打动而泪流满面。此时，教师很不好意思地想要结束诵读，而学生反而与教师一起动情地朗读起来。过了多年，学生对这位教师说，正是教师动情的诵读，让学生认识到了最为真实的教师，并因此而喜欢上了这位教师的真实，由此感受到了语文对人的感动与影响。这种感动与影响远比课堂上的说教更为深刻与有效。这种方法的好处，就在于教师可以透彻地理解学生，也可以让学生更好地理解教师。它的不利之处，在于教师要为之付出大量的时间、精力与情感。

第二辑　上课的方法

1. 用学生的思路上课

　　曾经看过一个故事，让人觉得骗子不可为，但骗子的智慧却也值得学习。据说有一个人，在每次英超联赛开始之前，都会接到一个自称能猜得出本次联赛结果的人的邮件，更奇怪的是，每次邮件的猜测都是正确的。在这个人看来，这位发邮件的人的猜球能力实在太强了，要是赛前一直能够得到如此准确的球赛结果，那就可以获得一笔不小的财富。可是，他向这位发邮件的人支付了一定的信息使用费之后，所有的猜测结果就不再正确。为什么会有这么大的差距呢？原来，在这个人支付信息使用费之前，这位发邮件的人根据英超比赛结果的多种可能，向成千上万的人发出了不同的邮件；比赛结果出来之后，他再继续向猜准了的人发邮件，于是，所有在赛后还接到他邮件的人，都认为他有预测比赛结果的能力，从而愿意向他支付信息使用费。如此处心积虑的骗术，实在是高明；但把这个骗术想透了，就会得出一个骗子们共同的行骗智慧，那就是全心全意地站在被骗对象的角度想问题，即充分考虑收件人的心理。这不禁让我联想到一个问题：在课堂教学中一直提倡教师要以学生为本，可究竟什么是以学生为本呢？骗子的行骗智慧不就是一个很好的例子吗？要是我们的教师也能够如此"处心积虑"地把学生"骗"来学习，那实在是极其高明的教育智慧。

一、思路一致是课堂教学的前提

当你只有一块手表的时候，不管这块手表是走得快，还是走得慢，你都大致知道现在是几点钟。可是，如果我再拿一块手表给你，而这块手表和你的手表相差一个小时，这个时候恐怕你就搞不清楚究竟是几点了。如果我们把手表视为我们的行动思路，那就很容易理解思路在我们的生活中的独占性了：我们采取行动时只能遵循一种思路，当另外一种思路出现时，我们不会因为思路增多而变得更清楚，反而会变得无所适从。问题在于，我们行动的时候，都只能遵循一种思路，而每个人又会有自己的行动思路，也许这也是两人合作和多人合作很困难的一个重要原因。

我们明白了思路独占性，也就明白了思路一致性的困难。在课堂教学中，不管是教师的教，还是学生的学，都具有思路的独占性，即教师的教会遵循自己教的思路，而学生的学也会很自然地遵循自己学的思路。如此一来，就无法实现思路一致性了。学生每天背着书包来学校，我相信他们中的大部分人都是希望好好学习的，只有极少数学生才会以调皮捣蛋为目的。可是，为什么他们上了几堂课之后，好好学习的愿望逐渐消失，而调皮捣蛋的行为却越来越多呢？其实，学生到学校来读书，尤其是到课堂中来听课，并不是为了向教师学习知识，而是希望教师帮助他解决学习知识过程中碰到的问题和难题。他听了几节课之后，如果发现自己根本就听不懂教师讲的东西，自己遇到的问题和难题也得不到解决，那么自然就对课堂教学失去信心了。如果这时候教师还责备学生"为什么听不懂"，那么学生就会觉得委屈：想得到的帮助没有得到，反倒被教师数落了一番。

为什么学生听不懂教师讲的东西呢？难道教师上课就是为了让学生听不懂吗？我想自然不是如此，其中一个重要的原因，就在于教师教的思路和学生学的思路之间的不一致性。教师是先自己学懂了教学内容，然后再来教教学内容，因此教学是从有知走向无知；而学生对教学内容往往是无知的，因此学习是从无知走向有知。从有知走向无知，自然会觉得学习是轻松的，理解学习内容是容易的。这就好比考上大学的人都会说考大学是一件容易的事；可是对那些没有考上大学的人来说，你越说考大学容易，就越是瞧不起他们。

二、应该用谁的思路上课

要让学生听得懂课，就要求学生和教师在思路上保持一致。可问题在于，教师的教学思路有独占性，学生的学习思路也有独占性，如何才能够让两者保持一致呢？如果问学生这个问题，学生不但给不出有用的答案，可能连这个问题都搞不清楚：要求自己的学习思路，和教师的教学思路保持一致，然而，什么是学习思路，什么又是教学思路呢？因此，对这个问题的回答，主要的责任就落到了教师身上。我们常讲"以教师为主导，以学生为主体"，大致就是要求教师能够在教与学的思路上引导学生学习；当然，学生在思路上需要教师引导，但并不需要教师替代学生的学习主体地位，也就是说，学习责任仍然是学生自己的。

要教师主导课堂教学，并不是让教师控制课堂教学。控制与主导的差别在于，控制是要求别人按照自己的思路去采取行动，主导则是要求自己按照别人的思路去帮助他人。如果教师要控制自己的课堂，那就意味着学生必须按照教师的思路来学习，没有必要也不可能遵循自己的学习思路；如果教师要主导自己的课堂，那就意味着教师要按照学生的学习思路来设计和推动自己的课堂教学。控制强调的是"制"字，控制成功与否的标准，是看学生是不是在学习过程中放弃了自己的学习思路，从而完全遵循教师的教学思路；主导强调的是"导"字，主导成功与否的标准并不是看学生是否听教师的话，而是看教师是不是真的对学生的学习过程产生了积极的影响。因此，控制不需要学生支持，只需要学生服从；主导不需要学生服从，只需要学生行动。要让学生服从，只需要按照教学思路发布命令即可；而要让学生行动，就需要遵循学习思路开展教学指导。

课堂教学应该遵循学生的思路，这就对教师的教学思路的独占性提出了挑战。我们似乎有这样一种印象：教师大学刚毕业的时候，他还是大学水平；做了几年高中教师后，就变成高中生水平了；做了几年初中教师后，就变成初中生水平了；做了几年小学教师后，就变成小学生水平了。这样的说法对教师肯定是不公正的，但之所以形成这样的印象，是因为教师全身心投入高中教育、初中教育或小学教育后，为了"主导课堂教学"，逐步采用学生的思路来备课，用学生的思路来上课，最后就变成了用学生的思路来思考问题。因此，要主动地用学生的思路上课，对教师的确是一种极大的挑战，既需要花心思去考虑如何用学生的学习思路来备课和上课，还要忍受因为用学生的思路备课、上课和思考问题而带来的"思维水平"的下降。

对学生来说，了解和理解教师的教学思路，对提高自己的学习效率大有益处。虽然我们要求教师尽可能用学生的学习思路来备课、上课，让自己的课堂教学不但把知识内容讲清楚，而且用学生能够接受、觉得开心的方式讲清楚。但要做到这一点是很困难的，毕竟，让一个人用另外一个人的思路思考问题和讲解问题，是一个挑战。因此，不仅需要学生向教师学习知识，还需要学生尽可能了解教师思考问题和讲解题目的思路。通过了解教师思考问题和讲解题目的方式，一方面，可以提高学生的思考水平；另一方面，有助于学生更有效地听懂教师的课，让自己的学习效率更高。

三、走进学生的学习思路

讲话或者上课究竟应该用谁的思路，我想有一个非常简单的标准，那就是你讲话或者上课想让谁搞懂，就用谁的思路。如果你想让自己搞懂，那就用自己的思路——不过不用讲出来，心里对自己说说就可以了；如果你想让别人，比如学生，搞懂你讲了些什么，就得尽可能地用别人的思路来讲话或者上课。在课堂教学中，我们经常见到这样的教师，一个人不停地在讲，学生听得索然无味，或者一边听一边做其他的事情。在这种情况下，老师往往很委屈：我讲的知识这么重要，你怎么不听呢？殊不知，他根本就听不懂你在讲什么，自然就不知道你讲的东西有多重要了。可是，如果真的要求教师用学生的思路来讲课，就不仅仅是转变态度这么简单了，教师还要了解学生的学习思路，并且能够在课堂教学中弱化自己的思路，指导学生的学习思路，这就是实实在在的能力要求了。

学生的学习思路究竟是什么样的？虽然我们提倡教师要因材施教，但对于"材"是什么的认识，一直处于比较茫然的境地。我想教师对学生的了解，最重要的就是学生按照什么思路学习。学习思路既是学生学习的核心要素，也是需要教师指导的核心要素。那么，教师该如何了解学生的学习思路呢？我想，有三条路可以尝试：一是想想自己是如何学习的，尤其是对于自己没有兴趣的内容，自己是如何面对又是如何克服的，自己过去和现在的学习经验虽然离今天学生的学习经验比较远，但还是有一定的借鉴意义；二是在指导学生的过程中，给予学生表达自我的机会，不但让学生表达自己学到了什么，还要让学生表达自己在学习过程中的方法与思路、痛苦与幸福；三是阅读与学生学习思维和学习思路相关的书籍，特别是教育心理学和儿童发展心理学，理论的东西看起来离实践很远，但直面实践的时候，相关理论还是能够给我们不少启示。

如何在课堂教学中弱化教学思路？首先要肯定的是，在课堂教学中，有思路肯定比没有思路好，不管是教学思路还是学习思路。如果课堂教学中一个思路都没有，或者两个思路相互抵触，这样的课堂教学效率一定很低，它根本不可能实现学习内容在教与学之间的传递。还是应当尽可能弱化教学思路并强化学习思路。一旦教学思路在课堂教学中占了主流，不但学生很难（也不是不可能，只要学生主动去了解教师的教学思路就可以，当然，前提是学生有能力了解教师的教学思路）听懂教师讲的内容，而且教师会觉得自己讲得很清楚，于是就剩下对学生无穷无尽的抱怨。在课堂教学中要让教师弱化教学思路，一方面需要教师意识到教是协助学的，教师的教并不是教授知识，而是帮助学生解决学习知识过程中的问题；另一方面需要教师通过强化学习思路，来填补教学思路逐步弱化的空白。

在课堂教学中如何指导学生的学习思路？我们一直在讲，教师要授之以渔，而不是授之以鱼。我们要求课堂教学要遵循并指导学生的学习思路，就等于在如何授"渔"上做文章，这就进一步加深了我们对课堂教学本质的理解。课堂教学不是传授知识，而是帮助学生解决知识学习过程中的问题；课堂教学甚至不是帮助学生解决知识学习过程中的问题，而是帮助学生形成解决学习问题的思路。此外，要真正对学生的思维与思路产生影响，教师不但要明白学生的学习思维与思路究竟是什么，还要明白学生的学习过程究竟包括哪些学习阶段，是什么样的思路把它们串起来的。相信这样的过程虽然不像我们在这里讲的这么简单，但一定值得我们探索。

2. 把知识教出情趣来

　　每年高考结束后，不管是考得好的学生，还是考得不好的学生，往往都会把教材和相关辅导书烧了撕了，据说，现在还有一部分学生把它们当废纸卖了。他们如此对待教材和相关辅导书，暴露出他们对整个高中生活，尤其是学习生涯的不满与愤怒。由此可见，教师在教学科知识的过程中，将太多的关注给予了学生考试成绩的获得，而忽略了学生学习情趣的培养。在没有学习情趣支撑的情况下，有的学生虽然取得了优异的成绩，但由于付出的代价太大，所以难免对学习生涯心生不满；有的学生付出了学习代价，却没有取得优异成绩，所以更是心生怨恨；而那些早就不能坚持学习的学生，由于在课堂上长期处于被边缘化的地位，自然更不可能对学习有什么好印象了。因此，获得优异的成绩，虽然是可喜的，但也是需要意志的。而真正让课堂持续有效的不二法门，并不是学生的坚持，而是让他们享受到学习过程中的情趣。

一、"当下享受"与"享受当下"之争

　　为了避免大家被这两个高度相似的词搞晕了，在此对它们进行定义和区分。在我的理解中，"享受当下"是指不以牺牲当下的生活质量为代价来换取明天的生活目标，也不因为享受当下的生活而牺牲对生活目标的追求；

"当下享受"则是指以享受当下生活情趣为标准，甚至不惜牺牲对明天生活目标的追求。在课堂教学中，对待学生学习的态度，往往是非此即彼的，要么要求学生放弃生活质量去追求更好的学习成绩，要么要求教师以培养或者满足学生的学习兴趣为目的。在教育教学理念上，以兴趣为前提、以学生为核心的理念容易占上风；而在教育教学实践中，以成绩为前提、以知识为重心的理念容易占上风。这就出现了一个非常尴尬的局面：目前的课堂教学理论，都是以尊重学生、让学生学得开心为目的；而课堂教学实践要求的则是如何让学生掌握更多的知识，获得更好的考试成绩。课堂教学实践既不接受课堂教学理论提出来的目标，也不可能验证与优化课堂教学理论的成果；在课堂教学理论无法指导课堂教学实践的情况下，课堂教学实践只好越来越依赖牺牲学生的生活质量来换取考试成绩的方式。

理想的课堂教学应该尊重学生，从学生已经掌握的知识出发，顺应学生的学习规律，让学生在课堂中充满活力。正因为有了这样的认识，老祖宗提出来的"因材施教"原则才如此长盛不衰。可是，课堂中对教师和学生的关注与重视总是相对而言的，我们过分强调对学生的尊重，难免就会出现对教师的不尊重。通过对教师严格要求，的确可以更有效地提高教学质量，但如果单方面严格要求教师，却放松对学生学习责任的强调，那么，在有效地提高教学质量的同时，就会导致学生对教师教学的依赖。当我们要求教师因材施教时，学生就会把学习的责任转嫁给教师，从而被动地等待和接受教师按照因材施教的标准为他们量身定制的课堂教学服务。当我们要求教师在课堂上把知识点讲得清清楚楚、明明白白时，请问，学生还有必要思考吗？

在课堂教学实践中，为了帮助学生掌握更多的学科知识，为了帮助学生在考试中获得更优异的成绩，哪怕让学生暂时牺牲眼前的生活品质，也被认为是值得的。于是，课堂教学目标的实现占了绝对的主导地位，只要能够实现今天的教学目标，今天就失去了应有的生活意义。正因为有了这样的想法，目前的教育教学研究才总是停留在很低的水平上。既然大家都认为让学生暂时牺牲眼前的生活来换取学习目标的实现是值得的，教师也就没有必要在"通过提高专业水平来帮助学生实现学习目标"上努力了；与此同时，既然学生学习成绩的习得，要通过牺牲眼前的生活品质来实现，那么绝大多数学生都会认为如果牺牲了生活品质还换不来优秀的成绩，就不是自己的过错了。

二、课堂生活与课堂学习的联合

是不是学生的课堂生活与学习目标就真的那么敌对呢？我想肯定不是的。尽管我们看到大量学生都在课堂生活与学习目标之间挣扎，但也看到不少学生把两者结合得很好，上课的时候过得开开心心，考试成绩出来时也同样开开心心。很有意思的是，那些将课堂生活与学习目标对立起来的学生，不管是以牺牲当下生活来换取学习成绩，还是以牺牲未来的成绩来享受当下生活，都有一个共同的特点，那就是很难在他们身上寻找到有效的学习方法。那些以牺牲当下生活来换取学习成绩的学生，在他们身上可以看到刻苦的精神、坚定的意志，也有可能看到良好的成绩，但却看不到他们对学习过程的反思和驾驭；而那些以牺牲未来成绩来享受当下生活的学生，他们可以在各种各样的调皮或者非调皮的活动中想方设法，却对学习过程视而不见，这样的情况很难让我们相信，这些孩子不再学习或者学习成绩不好，真的是因为他们太笨。因此，让学习目标包含有情趣的课堂生活，这样的想法虽然有点挑战传统观念，但如果不打破传统观念，学习目标就难以实现，教师的教与学生的学就会永远停留在吃苦耐劳的层面，而不是想方设法既提高学习效率，又让课堂生活更富有情趣。

从"教是为了学"的角度来看，课堂教学并不存在没有教学目标而只有学习目标的情形，因为教学目标也是以促进学习目标的实现为己任的。即使没有课堂教学，学生也有自己的学习目标，也会认真学习，那么，为什么还需要课堂教学呢？这是因为学生在自学的情况下，会因为学习方法的缺少而低效，会因为学习情趣的缺少而沉闷，这就需要教师通过对学习方法的指导来提高学习效率，通过对学习过程的调控来增加学习情趣，这两个任务是并驾齐驱的，对其中任何一方的过度强调或过度忽略，都会导致课堂教学本身的失效。如果非得在两者之间有所侧重，可能增加学习情趣比提高学习效率更有协助价值，因为课堂教学对学生学习，本来就是锦上添花的事，学生既可以接受也可以不接受你的协助。如果教师只是一味想着提高学习效率，而忽视学生的学习情趣，学生可能就会逐渐远离教师的协助。如果教师能够有效地激发学生的学习情趣，虽然这不见得能够直接提高学习效率，却可以让学生对课堂学习更投入，对教师更喜欢，从而间接提高学习效率。可惜，让课堂更有趣，只能证明这位教师充满情趣；而让课堂更有效，却能证明这位教师富有智慧，两者相比，大家都情愿被认为是富有智慧的。而且，让课堂更有趣，只能间接提高学习效率；而让课堂更有效，却能直接提高学习效率，而后者更容易让教师有成就感。

如果为了课堂情趣而牺牲学习效率，这样的课堂情趣恐怕难以长久，不但学生自己感觉不到成就感，教师与家长也会想方设法打压这样的课堂情趣，因为在他们眼中，这样的课堂情趣就是调皮捣蛋。如果为了学习效率而牺牲课堂情趣，这样的学习效率也不具有可持续性，学生可以为了未来的学习目标暂时牺牲当下的课堂生活，却不可能为此坚持一个学期、一年甚至更长时间，这样的坚持对成人来说都是极大的挑战，何况孩子。因此，学生要有机地把课堂学习和课堂生活结合起来。其实，相比于单纯提高成绩，在提高成绩的同时还学得开心，不知道要困难多少。单从提高成绩的角度来看，只要学生刻苦努力，总会有成效；但若要学得开心，就需要学生调整学习方法、优化学习过程了。

三、让学生在课堂中更有情趣

把课堂学习的责任还给学生，让学生觉得课堂学习是自己的事，这是让学生在课堂中享受生活的第一步。人在为自己做事时，哪怕辛苦一点，也会觉得是幸福的；人在为别人做事时，哪怕再有成就感，也很难产生幸福感。因此，相比于课堂过程的苦乐，在课堂中究竟为谁而学更重要，痛苦地为自己学，也比快乐地为别人学要幸福。大家都在提倡要把课堂还给学生，个人认为，在班级授课制的情况下，课堂是还不回去的。目前最重要的事情，是把"课堂学习的责任"还给学生，不要总是让学生觉得之所以要听课，是因为教师上课了，我得给他面子。学生听课，一是为自己的学习，二是给上课教师面子，这两种因素都有，重要的是哪个更紧迫，哪个表现得更明显。如果学生觉得为自己的学习而听课更紧迫，那么教师就可以让学生主动听课；如果教师认为学生不听课是对自己面子的伤害，那么学生就会认为上课是为教师而上。因此，教师对待学生课堂学习的态度，虽然不是一种教学方法，但会对整个课堂进程中师生双方的心态产生影响。

教师要有情趣地教知识。记得有位朋友对我说过，他总觉得儿子不是很喜欢自己，不知怎样才能改变这种局面。我说那你要多陪他玩呀，日久生情嘛，这个道理还是很简单的。他说早就试过了，时间倒是用了不少，但并没有陪出感情来，所以才如此郁闷。我再问他，当你和儿子一起玩时，是你自己觉得好玩，还是儿子觉得好玩。他说，当然是儿子觉得好玩才陪他玩的，自己怎么可能觉得这些傻傻的游戏好玩呢。我说，这就对了，当你自己觉得游戏不好玩时，仍然陪儿子玩，肯定会暴露出为了儿子而玩的态度，这就会让你儿子得出两个结论：一是你认为他喜欢玩的游戏不好玩，二是你并不是真心陪他玩的。我想这样的情况,对课堂教学来讲也是一样的：

教师要让学生享受课堂生活，前提是他自己就能享受课堂生活，或者说教师自己就要把课堂教学当作生活的一个部分，课堂教学是拿来享受的，而不是拿来忍受的。如果教师自己都把课堂教学当作是神圣不可侵犯的，是脱离日常生活而需要顶礼膜拜的，那么，这样的课堂自然不可能有生活情趣，即使有，也是学生自己创造出来的，而这是教师无法容忍的。

教师要把知识中的情趣教出来。以前听一位特别喜欢历史的学生说，他之所以喜欢历史，是因为在他看来，历史是立体的而非平面的。我问，什么叫作立体的历史呢？他说，历史总是在特定的地理环境下，在特定的时代背景下，在特定的人群中发生的，当我们能够透过历史事件去解读那个时代的地理环境、时代背景和人群交往时，就会朝后多活几千年；同样，历史的发展也是有规律的，当你看到那个地理环境、时代背景和人群交往时，自然也会联想到当下的生活和未来的生活，于是又会朝前多活几千年，这难道不是立体的吗？这位学生的话让我深思了很久，最后我明白了一个道理：我们今天看起来异常抽象的知识，在其产生之前一定有因为缺少这个知识而引发的故事，在其产生过程中一定有如何形成这个知识的故事，在其产生之后也一定存在有关它的故事。我们只是把它们当抽象的知识来学习，是因为我们没有复原整个知识的“立体历史”。看来，课堂情趣的营造，并不只是需要我们对它的态度，更需要知识、技术和智慧的支撑。要把知识中的情趣教出来，前提是教师要能够寻找到知识中蕴含的情趣，然后再用富有情趣的方式把这些知识表达出来，两者都不是理念的问题，而需要教师用智慧去探索。

3. 坚守学生立场

一位教师问，经常提教师主导与学生主体，可课堂中究竟谁是真正的主体呢？我说，判断谁是课堂真正主体的关键指标，是看教育成功与否究竟是看教师教得如何，还是看学生学得怎么样。如果是前者，课堂中真正的主体就是教师；如果是后者，课堂中真正的主体就是学生。用一句非常简单的话说就是，谁上考场，谁就是课堂教学的真正主体。然而，如果说学生是课堂教学的真正主体，绝大多数教师肯定都会想不通：在课堂教学中明明自己既是导演又是主演，课堂教学的真正主体怎么可能是学生呢？而且学校对课堂教学有效性的考核，最终也是把责任归结于教师有没有教好学生，而没有人追究学生有没有好好学习。虽有这样的事实和想法，但并不能因此就证明课堂教学可以坚持教师立场，而只能证明目前的课堂教学离学生立场还有多么遥远。

一、"教的目的"寄生于"学的目的"

当学生在课堂上睡觉时，教师最好的处理办法是什么？我的想法很简单，那就是让他睡一会儿。但很多教师都不会这么想，他们认为，怎么能够在课堂上睡觉呢？当然要把他叫醒。可是，你把他叫醒了，他就会认真听课了吗？依我看，没有这么乐观。学生在课堂上睡觉主要有两种可能，一是学生的确太困了，急需睡觉来进行劳动力再生产；二是学生觉得听课没有收获，干脆利用这点时间好好睡觉，为下一堂课养足精神。如果是前者，那么自然应该让学生稍微休息一会儿，以使他稍作休息后好好听课；如果是后者，在没有对课堂进行深度调整的情况下，哪怕你把学生叫醒了，他也不会津津有味地听课，反而可能会调皮或者干扰其他同学，与其这样，还不如让他休息一会儿，把这堂课的损失在下堂课中补回来。

尽管你在课堂上竭尽全力地讲课，但下面的学生还是茫茫然，这时你该怎么办？我的想法也很简单，那就是让学生自学或者相互讨论，利用他们自学或者相互讨论的时间，重新梳理自己的教学设计。这也是很多教师反对的做法，他们认为，自己如此用心地上课，怎么能够允许学生不认真听课呢？教师们往往认为学生茫茫然，并不是因为他们听不懂自己的课，而是因为他们根本就没有认真地听课。仔细想想，学生之所以不认真听课，要么是因为他根本就听不懂，要么是因为他觉得听懂了也没有意义。相比之下，更主要的原因可能是前者，因为只要学生上课听懂了，哪怕不断地重复，也是有教育意义的，至少可以起到强化和巩固的作用。而如果学生听不懂，就不能怪学生不认真听了，既然听不懂，自然就没有必要认真听，在这种情况下，教师要么改变教学方式，要么把学习时间还给学生，让那些已经听懂了的同学，利用他们获得的自学和讨论时间，去教那些还没有听懂的同学，既加深他们对知识的理解，又让别的同学掌握这些知识，更重要的是，教师也可以获得深入反思和重新设计课堂教学的时间和机会。

这样处理，会不会有纵容学生的嫌疑呢？肯定有，但是除了这样做，又能怎么样呢？面对一位需要睡觉的学生，除了让他睡觉之外，我们别无选择，因为再好的教学内容和再科学的教学方式，都必须以接受教育的学生是清醒的为前提。换句话说，不管教师是多么的清醒，只要学生不清醒，都是不可能产生教育效果的。当学生听了三遍也没有听懂教学内容时，除了让他们不再听下去之外，我们别无选择，因为即使用同样的方法再讲一百遍，他们也是听不懂的。也就是说，再辛苦、再科学的教育教学工作，都必须以学生可以接受和可以理解为前提。在课堂教学中，教师肯定有自己的教育目的和教学目标，比如维持什么样的教学进度，采取什么样的方式呈现教学内容，按照什么样的原则组织课堂教学，当然，还包括能够获得什么样的教学业绩。这样的教育目的和教学目标都是可以理解的，如果没有对教育目的和教学目标的预设，课堂教学就会更加低效和无序。然而问题在于，尽管教师对课堂教学的教育目的和教学目标预设得非常完美，如果这节课学生因为有事没有来听课，那么所有的预设都将永远只是一个假设。如果学生来听课了，我们又往往会认为，可以把自己预设的教育目的和教学目标强加给学生。我想，叶圣陶先生讲"教是为了不教"，其目的并不在于否定教，而在于要基于学的目的，并通过学的目的的达成，来证明教的目的的存在与达成。

二、"教师的教"对接于"学生的学"

曾听过这样一个故事，说有个病人去医院看病，医生在多方诊断后给病人开了许多药，病人一看要吃这么多的药，就问医生是不是吃完这些药自己的病就会好。得知吃完这些药无法保证一定会好，病人转身就走了，说吃了也不一定会好，那还不如不吃了。看着固执的病人转身离去，医生也讲不清这究竟是因为病人无知，还是因为自己专业水平太低。的确，对于病人，医生是非常重要的，但医生的重要性必须以病人信任与接受为前提，必须以病人心甘情愿地吃医生为他开的药为前提。病人转身离去，有可能会靠着自身的免疫力恢复健康，也有可能会承受巨大的代价。这让我们明明白白地看到，如果医生走不进病人的心里，后果将是多么严重，不但病人要承担无医可治的后果，医生也无处体现自己的专业价值。

同样作为专业人员，教师与学生之间的关系，和医生与病人之间的关系非常相似，只不过病人享有转身离去的权利，而学生却不得不坚持在课堂中坐下去，甚至还必须装出认真听课的样子。虽然我们可以要求学生必须坐在教室里，但并不能强求学生的心跟着教学内容转。在课堂教学中，表面上教师显得非常强势，教学内容是教师预先选定的，教学方式是教师预先设计好了的，整个教学过程也都在教师的掌控之中，但所有这一切都只是假象，课堂教学中真正的主宰永远是学生。学生对自己的学习行为有着最终的决策权，他可以选择参与课堂教学，也可以选择不参与，虽然教师对教学内容的选择、对教学方式的设计、对教学过程的掌控会影响学生是否参与课堂教学，但最终决定是否参与课堂教学的仍然是学生自己。

很有意思的是，病人转身离去，并不意味着这个病人就一定会失去生命，他还可以去选择他认为值得信任和接受的其他医生，即使他不去找医生，靠着自身的免疫力也可能逐步恢复健康。同样的道理，哪怕学生在课堂教学中根本就不听课，也并不意味着学生就掌握不了教师提供的教学内容，他可以向其他教师和同学学习，还可以依靠自学来掌握教学内容。这就意味着，学生肯定是学习者，但不一定是受教育者，因为在不受教育的情况下，他仍然可能学习。但教师却不是这样，教师只能是教育者，而教育者存在的前提是有受教育者，在没有受教育者的情况下，教育者本身也就没有意义了。也就是说，学生可以独立于教师而存在，但教师却必须依附于学生而存在，这就意味着教师的教必须对接于学生的学。如果教师的教与学生的学存在不可逾越的鸿沟，不管这个鸿沟是由知识的差异导致的，还是由情感的疏离导致的，最终的结果都是学生仅仅失去教师指导自己的机会，而教师却会完全丧失自己的教学舞台和教学机会。

经常听到学校抱怨自己的生源太差，教师抱怨自己的学生太笨，尽管学校与教师的抱怨都有道理，但我仍然会觉得非常困惑：既然明知生源这么差，学校为什么还要把他们招进来呢？虽然学生这么笨，但如果没有这些学生，教师要去教谁呢？从知识的传授与学生的受教育来看，教师确实令人敬仰，虽然不能说教师就一定是太阳底下最光辉的职业，但当别人造物的时候教师却在育人，这种职业优越感是实实在在的。但从教学岗位的获得来看，学校之所以还能够继续生存下去，难道不正是靠这些被认为不好的生源在支撑吗？教师之所以还能够继续当下去，不也正是靠这些看起来比较笨的学生来保障吗？而且，当我们抱怨生源差、学生笨的时候，却很少针对这种差的状况开展相应的教育教学活动。学校在培养精英学生上费尽心思，一方面因为培养精英学生更有教育成就感，另一方面因为精英学生往往是超越课堂教学的学生。但在补差上，除了加班加点，同时抱怨学生太"笨"、指责学生不够认真之外，并没有更为科学的做法。这是因为与那些比较"笨"的学生对接，让教师更没有成就感，而且会给别人留下课堂缺少深度的印象，毕竟，朝下对接必须拉低课堂教学的深度。殊不知，有时，对教学深度的拉低，才是让教育回归本位的开始。

三、"教师的教"引领"学生的学"

让教师的教对接学生的学，并不意味着教师要纵容学生的无知与固执。当医生任由病人转身而去时，我们并不会过多地指责医生不负责任，而是将之归咎于病人的无知与固执；可是，如果教师任由学生转身而去，我们却不会过多地指责学生无知与固执，而会说教师是多么不负责任。之所以有这么大的差异，是因为病人已经是成人，医生必须尊重病人的选择；而学生是未成年人，这就为教师强加了另外一种责任，除了要尊重学生的选择，还要对学生的选择进行引导。因此，教师的教对接于学生的学，并不是简单的、被动的顺应，而是一种更需要智慧的引领。引领意味着这种对接不但能够体现出教师的教对学生学习的吸引力，还能够体现出教师的教对学生的导向力。

吸引力意味着课堂教学不能离学生太远。不能离学生太远，首先意味着课堂教学内容的深度不能离学生太远，要避免因为教学内容离学生原有知识距离太远而不能形成知识间的联结，使学生上课听不懂，或者听懂了但融不到自己的知识结构中去。不能离学生太远，还意味着教学内容可能产生的实际功能不能离学生太远，教学内容要么在不久的将来就能产生实际功效，比如学了英语就可以用英语和别人交流，学了计算机就可以用计算机上网；要么可以内在地提高学生的素养，比如学了数学可以更有逻辑性，学了物理可以更为理性，学了化学可以理解物质的变化，等等，虽然逻辑性、理性与理解物质的变化并不能马上用于日常生活中，但却可以帮助学生对日常生活有更为深刻的理解和体验。不能离学生太远，还意味着教师与学生的情感世界不能离得太远，当学生能够感知到教师的爱心与诚意时，他就会把教师的教视为对自己的帮助，从而更好地理解教师以及教师的教；当学生感觉不到教师的爱心与诚意时，他就会把自己视为被教师改造的对象，把自己视为教师教学的工具，从而有意识或者无意识地抵触教师的教。因此，教师对学生的爱心与诚意有着双重含义，一是基于人与人之间的伦理意义，二是基于课堂教学的功能意义。从伦理意义上来说，如果教师与学生只是普通的朋友，我们就会要求他们相互尊重、和谐相处。如果他们无法做到这两点，只是意味着两人不能再做朋友而已。而从课堂教学来说，如果教师与学生不能做到相互尊重、和谐相处，不但做不成朋友，而且连正常的教育教学工作也会因此停滞。

导向力意味着课堂教学要能够超越学生当下的认知水平。在吸引力的限制下，导向力的定位就比较明显了，那就是课堂教学既要超越学生当下的认知水平，又不能超越得过多，以免使学生无法接受教学内容。是故，导向力意味着在教学内容与学生之间有一定的张力，课堂导向力既代表着学生知识发展的方向，也为学生在一堂课或者一学期内的知识拓展程度做了预设。课堂导向力需要注意三个方面：一是在教学内容的难度上，要与学生当前知识的储备量保持一定的张力，如果学生已经掌握了教学内容或者通过课堂学习还是掌握不了教学内容，都会导致课堂教学的低效运行；二是在教学内容的宽度上，要与学生的知识容量保持一定的张力，超出学生知识容量的部分，哪怕非常简单，对学生来说都会因为陌生而增加难度；三是在对待教学内容的态度上，要能够正确地引领学生，如果教师只是强调教学内容对学生的未来发展有什么用，那只能证明掌握教学内容的教师并不认为这些东西对自己有用。

　　坚守学生立场，并不意味着教师就不用仔细琢磨自己的课堂教学了，而是要求教师对课堂教学的思考与设计更富有智慧。当教师只对上好课负责，而不对学生学好负责时，教师就成了课堂教学的主体，在学生不能接受和理解教师、不能真心参与课堂的情况下，教师所谓的上好课也就仅仅是表演与作秀而已。这样的课堂虽然让教师感觉很好，但既实现不了教师的专业价值，也浪费了学生好好学习的机会。当教师对学生学好负责时，虽然教师仍然要主导课堂，但其目的是想方设法引发学生的学习行为，而不是要求学生学习，两相比较就可以看出来，引发远比要求更需要智慧。所以，坚守学生立场，并不是要让教师离场，而是让教师通过走近学生来培养自己的教育场，让学生在教育场中自主学习。

4. 扩大参与面

　　课程改革究竟是增加了教学内容的难度，还是减小了教学内容的难度，估计很少有人能够确切地回答这个问题。从知识的深浅来看，新教材肯定比以前要浅；而从教学的难易程度来看，新教材肯定比以前要难教。为什么越来越浅的知识，在课堂上却变得越来越难教了呢？那是因为赋予课堂知识教学的功能少了，而赋予课堂能力培养的功能多了。虽然只是一少一多，但少的那部分工作原本是比较容易的，而多的那部分工作原本就很不容易。更重要的是，知识教学的受益者永远只是少部分学生，而能力培养的受益者却是大部分学生。让课堂真正从知识传授转向能力培养，让更多的学生参与课堂，不但是课堂成功的标准之一，也是推进课堂成功的重要途径之一。

一、学科知识的传授只认"对眼人"

　　首先要解释的是，这儿的"对眼人"并不是指眼睛有异常的人，而是指看起来顺眼的人。在人与人的交往过程中，有的人特别喜欢一类人，只要碰到这类人，就表现出特别的感情，我们把互相特别喜欢的这类人称为"对眼人"。有意思的是，当你特别喜欢一类人时，也就意味着你会特别讨厌另一类人，而且意味着你很难喜欢上其他性格的人。其实，学科知识就属于"这类人"，如果你非常适合学习这门学科，那么你不但学起来轻松，而且考起来成绩还特别好。但如果你非常不幸，在这门学科上总是找不到自信，那么你就比较惨，哪怕非常努力，你的学业成绩也总是难见起色。所以，你和特定学科之间是否对得上眼，虽然并不完全决定你是否能学好这门学科，但基本趋势是这样的。

学科知识之所以被称为学科知识，就是因为这些知识有着独特的学科特征，至于究竟有什么特征，有些学科则讲得清楚，有些学科则讲不清楚，但不管讲不讲得清楚，学科具有的特征都是不容置疑的，否则就不必单独命名一个学科了。学科的特征越明显，对学科知识学习者的要求就越独特，当然，独特并不意味着对人的整体要求高，而是指这个学科与其他学科相比，对学习者的能力与情趣有个性化的要求而已。从学科独特性来讲，学生学好了这门学科，并不能证明他的智商就特别高；同样的道理，学生不能学好这门学科，也不能证明学生的智商就特别低。因为在学科知识与学生之间，讲究的是针对性与对应性，只有意识到这一点，学科教师才能够更全面地认识学生，而不是简单地用自己学科的成绩来断定学生的智商和整体能力。

一直强调要培养学生的综合能力，要促进学生全面发展，但问题在于，学生因为"学科综合了"就有能力了吗？因为"知识全面了"就获得发展了吗？教育的目的总是善意的，比如希望学生，尤其是基础教育阶段的学生能够把每个学科都学好，能够掌握更加全面的知识，这样才能够保证其自身素养的提升，确保其职业发展能力的基础更为扎实。然而，把善意的目的当作任务性目标，善意就有可能变成恶意：如果你不能把每个学科都学好，我就不给你提升素养的机会；如果你不能掌握全面的知识，我就不给你发展职业能力的机会。事实上，除了极少数学生因智商高能够对所有学科通吃外，绝大多数学生都会在某一个学科或者某几个学科的学习中遇到障碍。虽然我们说偏科不好，但不可否认，偏科是一种现实存在。我们看到了不少学科的天才，却也忽略了那些因为学不好某一学科或者某几个学科而放弃学业的学生。

二、学科能力的培养对所有人开放

对于学生来讲，学科知识，尤其是他们力所不及的学科知识，就是他们成长的拦路虎。在这些学科知识的高压之下，他们要么败下阵来，要么牺牲自己的休息时间或者学习其他学科知识的时间来攻克它。虽然学科知识是学生成长的拦路虎，但学科能力却是学生成长的加速器。在学生成长的过程中，他可以缺少相关的学科知识，但却不能缺少相关的学科能力。大家可能会问，没有掌握学科知识，怎么可能会有学科能力呢？这就要我们追问，学科能力究竟是因为掌握了学科知识才形成的，还是在掌握学科知识的过程中形成的？也就是说，究竟是知识重要，还是过程重要？

究竟是知识重要，还是过程重要？对这个问题的回答，已经超越了对学科的关注，而上升到课堂教学的目的是什么。大多数学科教师都认为知识重要，一方面是因为掌握不了学科知识就谈不上形成学科能力，另一方面是因为不论学校还是教育行政部门，最后考查学生的都是学科知识。争论学科知识和学科能力之间的关系，估计和争论鸡生蛋还是蛋生鸡差不多。其实，学科知识与学科能力之间的关系并不是先后的问题，而是两者携手并进的问题。但两者也有一定的差异，它在于学科知识容易测量而学科能力不容易测量；学科知识有及格和不及格、优秀和不优秀之分，而学科能力只有强与弱之分。所以在课堂教学中，学科知识的更容易测量，但这并不意味着学科知识就比学科能力更重要。和学科能力相比，学科知识的厉害之处在于，学科知识可以脱离学科能力而存在，虽然在脱离学科能力的情况下，学生学习学科知识更为艰难，对学科知识的掌握也不会持久，但在短期内，通过训练仍然能够获得学科知识，哪怕这些训练既不以学生以前的学科能力为基础，也不会形成新的学科能力。正因为如此，大家才会更看重学科学习态度的养成，而忽略对学科学习能力的培养。

然而，一旦脱离了学科知识的丰富，学科能力就无法增进。当学生丧失了掌握学科知识的兴趣和能力（这种情况往往是由在脱离学科能力的情况下对学科知识的训练导致的）时，学生继续提高学科能力的机会也就没有了。但学科能力也有一个长处，就是一旦获得了，哪怕事后忘记了学科知识，这种能力还会继续存在，而且还可以与其他学科能力和生活能力相融合。从考试与评价来看，课堂教学的目的肯定是学科知识的传授与掌握；而从学生的人生发展来看，课堂教学的目的则变成了学科能力的培养与习得，因为学科知识是很容易遗忘的，但学科能力却是长存并可以迁移的。

当我们不再计较学生的考试成绩是及格还是不及格、是优秀还是不优秀时，对学生学科能力的培养就可以摆脱知识传授对"对眼人"的限制而对任何学生都开放了。在理念上将学科知识与学科能力加以区别后，就容易发现，有的学生虽然掌握了许多学科知识，但不一定能够把这些学科知识转换成学科能力；有的学生虽然只掌握了一点学科知识，但这点学科知识对于他学科能力的培养却至关重要。所以，课堂教学在将关注的重点从学科知识的传授转向学科能力的培育后，课堂教学的关键就不再是学科知识的深度掌握，而是学科教学活动的宽度参与了。对学科知识的深度掌握始终是学生个人的事，真正把学科知识学好了的学生，他的水平往往是超越学科教师的。但是否能够有效地把学生引入课堂，是否能够培养学生的学科兴趣，是否能够让学生在课堂中参与进来，这就主要和教师的教学理念、教学组织形式和教学评价标准有关了。

三、"课堂生命力"在于"学生参与"

课堂里坐着 50 位学生，并不意味着这 50 位学生都在听你的课。那些没有听你讲课的学生，就不能算是你的学生，至少不能算是你这节课的学生。老师肯定会认为这些学生不尊重你的劳动成果，因为他们没有听你的课，而你的课是辛辛苦苦备出来的，也是精心地讲出来的；但学生则会认为你是在浪费他们的时间，因为你的课没有让他参与进来。为了让学生参与进来，你就需要告诉学生这节课有多么重要；可对于没有参与进来的学生来讲，他们既然没有参与，也就无法判断课堂的重要性所在了。是故，不管课堂精彩与否、重要与否，对于一位没有参与课堂的学生来讲，一切都无从谈起。

首先，老师要相信每位学生都有参与课堂的能力，有的学生没有参与进来，是因为我们没有为其提供参与课堂的途径。老师经常讲："我也希望学生参与到课堂之中来，但他们基础太薄弱了，根本就听不懂，参与不进来也就是自然而然的了。"按照这种理论，学生参与课堂的前提，是要具备教师教学进度所需要的持续学习学科知识的能力；凡是没有这种学习能力的学生，都将被课堂教学边缘化甚至淘汰。随着按能力分班原则的取消，同一个班级的学生在学习能力上的差异会越来越大，这就意味着被课堂教学边缘化或者淘汰的学生会越来越多。可是，我们是否思考过可以让那些听不懂老师讲课的学生参与课堂的方法呢？比如老师自己把学科知识讲一遍，然后再请听懂的同学讲一遍，接着再请刚听懂的同学讲一遍，这样的教学流程看起来是在不断重复教学，却让同学们得到了不同的锻炼，也让更多的同学，尤其是那些听不懂教师讲课的同学参与到课堂之中了。

其次，没有老师在课堂教学中的"退位"，就不会有学生的参与。不管是学科知识的掌握，还是学科能力的习得，老师都比学生要强。当一个能力强的人和一个能力弱的人共同完成一项任务时，能力强的人往往看不惯能力弱的人。看不惯是正常的，关键是当你看不惯的时候，你如何对待能力弱的人。你可以完全取代能力弱的人，让他靠边站，你自己来完成所有的工作；你也可以部分取代能力弱的人，比如让他不要思考问题，只要完全按照你的指示去执行就可以了；还有一种办法，是你可以暂时宽容他，并在宽容的基础上耐心地指导与培养他，一直到他的能力变得强起来，一直到你看得惯他为止。在课堂中，要让老师完全取代学生，这是不可能的，毕竟，最后还是要学生自己上考场。而要让老师宽容学生，并耐心地指导与培养学生，也不是所有老师都能够坚持下来的。宽容、指导和培养学生，这是教育的本义，但在外在考试压力与校内激烈竞争的氛围之下，似乎变得很难实现了。所以最普遍的做法就是第二种——让学生按照老师的指令来学习。在今天的课堂上，正是老师的"越位"，才导致了学生的"缺位"。要让学生在课堂上"复位"，就需要老师"退位"。需要强调的是，退位不等于退出，退位只意味着退出不应该自己占着的那个位置，意味着老师要更好地完成自己的本位工作。

再次，只有以生为本的课堂组织形式，才会有学生对课堂的真实参与。以生为本的课堂组织形式，并不是完全让学生当家的课堂，而是为学生提供更多参与途径的课堂。学生参与进来了，他在课堂中可能是主动的，也可能是被动的，只要有利于他学科知识的习得与学习能力的培养就行。当你觉得你能向绝大多数学生都讲清楚教学内容，而且学生也不排斥你的讲课形式时，哪怕你选择满堂灌的方式上课也没有问题；当你觉得教学内容需要的不是理解而是体验时，那就不能再通过学生听课来完成教学任务了，而需要设计一些让学生参与的课堂活动。总之，学生对课堂的真实参与，并不局限于行为与活动层面的参与，还包括思维与认知层面的参与。而此处的以生为本，也不是简单地以学生的喜好为标准，而是以真心地帮助学生、真诚地培育学生为标准。

让更多的学生参与到课堂之中来，这应该是每一位老师最现实的教育使命，因为参与是课堂教学的前提，有了课堂参与才有教学的可能性。但需要注意的是，参与并不是老师对学生的迎合，并不是为学生提供一些简单的教学内容，再配以富有娱乐意义的游戏，这样的课堂虽然有一定的参与度，但却失去了课堂教学的教育意义。课堂吸引学生的不应仅仅是娱乐性，更应该是学生在课堂中的成就感与自我价值的实现。此外，教师对课堂参与度的提升，不仅仅需要掌握一些更好的课堂组织形式，更关键之处还在于教学理念的更新。如果只是为了传授学科知识，这样的课堂肯定只能对少数学生开放，也只有少数学生才能参与其中。如果将课堂教学的目的聚焦在学科能力的培养上，我们就会打心底里欢迎所有的学生都参与到课堂之中来，哪怕他们学到的学科知识并不多，但只要是冲着学科能力来的，我们的课堂就必定会因为他们的参与而更加精彩。教师在课堂中应该发挥什么样的作用呢？到底是教师的缺位、越位，还是学生自己的原因导致学生参与不了课堂呢？对这些问题的追问，也许并不能获得让学生参与课堂的策略，但却有利于我们搞清楚学生不参与课堂的原因。很遗憾，我们并没有为教师提供那些能够扩大课堂参与面的策略，这是需要向大家表示歉意的。但如果你真的把课堂当作学科能力培育的摇篮，而不是学科知识传授的温床，如果你能够让自己既不在指导上缺位，也不在主体性上越位，相信当你回到自己的课堂之中时，应该是不会缺少扩大课堂参与面的策略的。而且，你也不必在学科知识的传授上心急，学生从课堂中获得的学科能力，不但有助于他们在课堂上掌握学科知识，更有利于他们在课后保持浓厚的学习兴趣与良好的学习效率。

5. 回归学科

老师在专业上最缺的是什么？是课堂教学能力。作为一名老师，如果连课都上不好，纵有一千个优点，也掩盖不了这一个弱点。所以，对老师来说，专业目标是非常清晰的，那就是一定要上好课。但令大家困惑的是，如何才能上好课呢？摆在老师面前有两条路：一是想方设法丰富自己的教学策略与技巧，二是竭尽所能地提高自己的学科理解能力和教材解读能力。绝大多数老师选择了前者，在他们看来，后者已经在大学里解决得非常彻底了；而且，由于中小学教材知识都比较简单，所以他们也容易忽视对教材知识本身的理解和解读。可是，老师的教学策略与技巧丰富了以后，课堂教学能力却没有得到实质性的提升；虽然课堂比以前更热闹了，但似乎离课堂教学的本质更远了，主要表现在学生对知识的理解更浅薄了，甚至师生关系还变得越来越紧张。

一、丰富的方法解救不了知识的贫乏

同样的教材，不同的老师可以呈现出完全不同的课堂风格，有的课堂风格是学生喜欢的，有的却是学生讨厌的。因为教材是一样的，所以大家就把课堂风格的差异，归因于老师使用教学方法的不同。于是，老师们的职责，就是如何丰富自己的教学方法和教学组织形式，从而更好地把教材这个剧本在课堂这个舞台上表现出来。教学方法在哪儿呢？作为一种实用的策略与技巧，它自然不在理论书籍之中，也不在学科教材里面，而是深深地镶嵌在活生生的课堂里面，尤其是镶嵌在那些名师的课堂之中。听了名师们的课之后，你不得不佩服他们对教学方法的把握，不得不佩服他们教学设计的微妙，恨不得自己回去马上就套用他们的教学设计和教学方法。

因为我们总是不断地追问什么样的课才是一堂好课，所以我们会觉得自己的每一堂课都存有遗憾：如果能够把导入设计得再巧妙一点，如果能够在知识点上换一种教学方法，如果能够对课堂结构进行重新组织，自己的课一定会更加完美。将自己的课和名师的课进行对比，我们很自然就会得出一个结论——一堂课的好坏，取决于老师对课堂结构的设计能力和教学方法的选择。因此，要提高自己的课堂教学能力和课堂教学水平，就应该致力于提高自己的课堂结构设计能力，不断丰富自己的教学方法。事实证明，精心设计课堂结构，采用多种教学方法，的确有利于把课上好，这也是今天的老师们在课堂设计和教学方法上孜孜以求的根本原因。

教学有法，教无定法，这就意味着只要当了老师，你就必须不断地寻找新的教学方法去设计每堂课的课堂结构。对于优秀的老师来说，当老师的幸福就在对教学方法和课堂设计的不断追求之中；对于一般的老师来说，当老师的痛苦也在对教学方法和课堂设计的不断寻求之中。如果说寻求精彩的教学方法、精心设计课堂结构，这些还是老师可以接受的，但对于每周要上十几节课的老师来说，要堂堂课都去精心选择教学方法、设计课堂结构，就实在是能力与时间所不能及的。所以我们可以在公开课中看到老师们在教学方法选择与课堂结构设计上的艺术感，但在"家常课"中就不得不忍受课堂的沉闷与单调了。

"说一个谎言圆一个谎言，我们爱得多么危险"，虽然上课的老师并不是在撒谎，但如果我们把课堂教学建基于教学设计与教学方法之上，那就不得不用一个教学方法去顺延上一个教学方法，用一种教学设计去承递上一个教学设计，这样的课堂就难免危险。要让爱不再危险，相爱的人就要讲真话；同样，要让课堂变得踏实起来，就要让课堂回归真实。而真实的课堂并不在于设计的奇巧与方法的奥妙，而在于老师对教学内容的深刻理解与准确把握。如果老师缺少对教学内容的深刻理解与准确把握，那么即使课堂设计再巧妙、教学方法再奥妙，也只会让学生越听越糊涂，更加暴露出老师在教学内容上的贫乏。当老师对教学内容有了深刻的理解与准确把握时，课堂设计的逻辑和选择的教学方法一定是最简要的，因为只有最简单的逻辑和方法，才能够被最广大的学生接受。

二、课堂效度源自于学科理解的深度

最喜欢参加教研组和备课组的活动，因为当老师们讨论特定知识点的教学方法时，那种仁者见仁、智者见智的场面特别让人兴奋。每个人都有自己的一套教学设计，而且每个人的教学设计都有一定道理，你说服不了我，我也说服不了你，似乎每个人的教学设计都是完美的。所以，教研组和备课组的活动往往陷入"一开始没有人讲话，然后人人都讲话，讲完后人人都不听话"的局面。为什么会出现每个人的教学设计都有自己的道理的情况呢？难道教学就没有科学规律可循吗？同样，这种情况也会发生在评课的时候，虽然大家都隐隐约约能够感觉到哪堂课更好，但每位上课的老师都认为自己的课上得好，而你在听了他的解释后也会觉得他这么上课是有道理的。

之所以会出现"人人都有道理"的现象，是因为每位老师对课堂结构的设计与教学方法的选择都是以自己对教学内容的理解为依据的。当老师对教学内容的理解比较肤浅时，那么他的课堂结构的设计与教学方法的选择就必须与肤浅理解的教学内容保持适当性，从而形成内容与方法在整体上保持一致的课堂生态。同样，当老师对教学内容的理解比较深刻时，他设计的课堂结构和选择的教学方法，也必须与自己深刻的理解保持一致。所以，尽管在课堂结构的设计上和教学方法的选择上人人都有自己的道理，但听完了老师的课之后，虽然不能断定谁的课对学生有效，谁的课对学生无效，但你还是能够分辨出到底谁的课上得有味道，谁的课上得没有味道。讲课的好与差是对教学内容与教学方法的适合程度的判断，而课的味道则是对这堂课整体深度的判断。

我们来看小学一年级识字课上老师是怎么教学生写"休"字的。一位老师着重于对这个字笔画和字形的教学，在讲完笔画和字形以后，就让学生自己练习；而另一位老师则着重于对字义的解释，说"休"就是一个人靠在树上，因此写"人"时一定要小一点，让旁边的树显得壮实一点，解释完以后，就让学生站起来找个地方靠一靠，然后把"靠"这个动作"写下来"。听完这两堂课后，并不能简单地说出哪位老师上得好，哪位老师上得差，因为练习的方法是适合学生对笔画和字形的学习的，而"靠一靠"的活动也是适合学生对字义的理解的。但毫无疑问，你会觉得强调字义的这位老师的课更有味道，原因不在于他的课堂更活泼，而在于他不但教会了学生如何写这个字，还教会了学生如何去理解这个字。

因此，我们对课堂教学有效性的追求也就有了两个判断标准：一是课堂教学方法与课堂教学内容的适当性；二是对课堂教学内容理解的深刻性。从有效课堂来讲，两者是相辅相成的，缺少了任何一个标准，课堂都将变得无效。但从让课堂更有效的角度来讲，后者的作用就远远超过了前者。为特定层次的教学内容选择相适合的教学方法，可以让课堂变得有效，但不可以让课堂变得更有效；而加深对课堂教学内容的理解，不但可以让课堂变得有效，而且可以让课堂变得更有效。当老师把特定教学内容定位为信息时，比如拿破仑是哪一年出生的，那么有效的教学方法，就是让学生记住这条信息；当老师把特定教学内容定位为智慧时，比如那个时代为什么需要拿破仑而且成就了拿破仑，那么有效的教学方法就不是记忆，而是思考与讨论。记忆的方法可以确保学生记住拿破仑是哪一年出生的，所以这样的教学是有效的；思考与讨论的方法不但让学生记住了拿破仑是哪一年出生的，还让学生理解了那个时代的历史背景和时代需求，这样的教学也是有效的，而且比前者更加有效。

三、学科理解深度决定教师专业高度

如果说哪个老师读不懂教材，这不仅仅是对这位老师的讽刺，更是对整个教育的讽刺。在这种背景下，对"回归学科"的呼吁多少会给人留下无病呻吟的感觉。而且，当课程改革正在广泛地推行综合课程或者课程综合化时，我们还在这里要求老师回归学科，这不是明显地和课程改革相违背吗？

老师们都读懂教材了吗？在我国的科研体制中，主编教材是不算专著的，因为不算专著，所以连是不是研究成果都会受到质疑。但真正编过教材的人都有体会，编一本好教材的工作量并不亚于写一本专著，不但要彻彻底底地搞懂教材中的所有知识，还要寻找到一条逻辑上非常简单的线索来贯串这些知识，而且要用最简单的语言来表达这些知识以及它们之间的关系，只有这样，最后呈现给老师和学生的教材，才是看起来简简单单的文字和图片。之所以在这里强调编写教材的不容易和教材表现形式的简单，就是要提醒我们的老师和学生，教材表现形式的简单并不等同于教材内容的简单。正因为教材的表现形式比较简单，所以我们往往读不出隐藏于其后的内容与意义，更容易失去对教学内容间的逻辑结构与学科思维的把握，而这些恰恰才是需要老师教授给学生的内容。也就是说，教材的表现形式简单，是为了让学生在没有老师指导的情况下也读得懂；而教材内容的难度，才是老师的教学职责所在，即教师要帮助学生解读隐藏在教材背后的内容与意义，尤其是隐在教学内容之中的学科结构与学科思维。

学生从来没有学过某个学科，但老师是学过这个学科之后再教这个学科，两者的差距在于：学生容易看到学科知识点，但把握不了学科的结构与思维，这就是我们讲的见树不见林；老师不一定在知识点上比学生学得好，也不一定在学科考试上比学生考得好，但在学科结构与学科思维的掌握上一定要比学生好，至少要比绝大多数学生好。事实上，学科老师的专业高度，并不在于对知识点的把握和对考试题目的解答，而在于对学科知识布局和学科思维方式的理解。老师若失去了对学科结构和学科思维的深刻理解，那么，哪怕他在知识点和考试题目上再有研究，也不能保证学生把这门学科学好；应该说学生往往学不好，因为知识点有大有小，考试题目形式多样，想要精准把握它们是极其困难的。与之相反，老师对学科结构和学科思维有了深刻理解，在知识点的教学和考试题目的研究上，就不但能知其然，而且能告诉学生其所以然；当老师的幸福在于教学的品位，而教学品位就在于能告诉学生知识的所以然。

我们在强调课程综合化或者综合课程的时候，为什么还要呼吁老师回归学科？其实这个逻辑是非常简单的，那就是老师自己在学科上越深刻，在学科综合上也就越容易。老师对学科的核心问题和思维方法都不清不楚，还如何教学生用跨学科的知识和方法解决问题呢？老师只有对学科有了深刻的理解，才容易看到这个学科和其他学科的相通之处和互补之处。我想，课程改革追求的综合课程或者课程综合化，也应该是在这个层次上展开的，而不是以一种学科的模糊来定义学科的综合或者综合的学科。对问题的解决是需要多学科综合的，但对知识的学习却依赖于学科分化。如果没有学科分化，我们就始终只能停留在古典哲学的层面：什么问题都可以解释得了，但什么问题都解决不了。

6. 用经历丰富课堂

有些人坐车，总是喜欢指挥司机如何开车，特别是当司机是新手时，更是乐此不疲了，好像担心别人连红绿灯都分不清楚。笔者偏偏是一个非常不愿意如此的人，一旦坐上谁的车，我就把自己的一切都交给他了，我总认为，作为乘客，只有选择上车和下车的权利，并没有指挥司机如何开车的权利。因为这样的性格和经历，我对开车始终没有丝毫兴趣，甚至在内心深处还挺恐惧开车，总认为开车是他人的事，如果让我做，就有点惶恐了。这不禁让我想到，那些天天在课堂上看教师"开车"的学生，是不是通过观察就可以学会自己"开车"；还是像我一样，对司机放心久了，甚至对司机形成依赖感以后，不但自己不会开车，反而对开车分外害怕起来。在课堂中缺少学习经历，学生永远只是课堂的过客，这样的课堂也就培养不出自己会学习的学生，正如总是坐在车上但不参与开车一样，你坐再远的车也不可能学会开车。

一、没有经历就没有学习

学习和开车肯定有区别，开车是一定要"动手动脚"的，我们将其称为技能。此类技能还有许多，比如骑自行车、游泳等运动，玩陀螺、滚铁环等儿时游戏，还有很多具体的职业，比如修自行车、修电脑等。对于这些技能，大家都容易得出这样的结论——不通过切身的体验肯定是学不会的。你在岸上看人家游泳，可以成为游泳裁判，但永远成不了一位游泳健将；你总是搭人家的自行车，可以指责人家自行车骑得不好，但真把自行车给你，你就骑不走了。"要参与，要体验，才能掌握这些技能"，这是多么朴实的结论，不应该说是结论，甚至可以说是公理，因为没有任何人反对它。

当我们承认技能是需要学生参与和体验才能学得会时，往往很自然地形成另外一个观点，那就是非技能的东西不参与、不体验就可能学得会，比如学科知识。我想，这样的观点虽然不是公理，但在很多教师的心目中应该是一个共识。不然，你把一道题讲了 N 遍后还有学生没搞懂，你就不会感到诧异了；你更不会诧异于有的学生在课堂上会做题目但第二天交上来的家庭作业还是做错了的事实。我们总认为，既然学生来上课了，看起来也认真地听了，作为教师的我们也认真地讲了，那么教学活动就已经开展了，自然应该在学生身上留下应有的学习痕迹，从而让学生掌握知识并在考试中获得较好的成绩。可是，这样的想法似乎太简单了，可能只有在书斋里搞教育研究的人才会这么认为。教师们都会觉得如果教学活动这么简单，自己的教学生涯不知道要幸福多少倍。但为什么这个在理论上异常简单的过程，在实践中却变得那么复杂呢？

既然是学习，不管是学习技能，还是学习知识，如果没有学习者主动的参与和切身的体验，这样的学习过程肯定不会给学习者留下什么痕迹。如果非得说给学习者留下了什么，那就是对他们人身自由权的侵犯，这样的学习过程就是让他们对学习更感厌烦的过程。不管是学习开车还是学习骑车，一定要亲自动手动脚，正是由于技能学习过程比较明显，所以大家容易接受技能学习需要参与和体验的结论；而对于知识的学习来讲，虽然不一定要动手动脚，但是，没有切身体验就可以掌握吗？既然是学习，自然都是要参与和体验的，只不过学习技能可以通过动手、动脚来完成，而学习知识必须通过动脑、动眼等其他活动实现。由于动手与动脚是外显的、具体的动作，所以我们容易发现；而动脑、动眼，尤其动脑是内隐动作,所以我们不容易发现。正是这种知识与技能的差别,使我们过度地关注了知识与技能学习的不同,而忽视甚至是误解了二者学习上的相同之处,那就是要有具体的学习经历。因此,不管是学习技能还是学习知识,都需要参与和体验。

二、让课堂从学习经历出发

虽然骑自行车很重要,但并没有专门的学校教人学骑自行车,学校里也没有骑自行车这门课程,尽管如此,还是有很多人会骑自行车。为什么会出现这种情况呢?是因为很多人能够意识到骑自行车的重要性,主动地参与和亲身体验学骑自行车这项活动。更有意思的是,由于骑自行车这项技能需要的经历并不复杂,所以在没有专业教育机构教导的情况下,人们依然能够掌握。与之相反,我们的学生,虽然有专门的教师来教导他们,但他们不能较好地掌握学科知识,这究竟是什么地方出了问题呢?难道是学生自己不知道学科知识的重要性吗?我不这样认为,哪有学生不想通过掌握知识来获得好成绩的,只是他们不能而已。既然动机不是问题,问题就出在过程上了,那就是掌握学科知识需要的学习经历比较复杂,即使在有教师指导的情况下,如果教师忽略对学生学习经历的指导,甚至忽略学生对学习的参与,就会导致学生在课堂上无法掌握学科知识的结果。

课堂是用来干什么的呢?学生是学习学科知识的人,教材是学生要学习的学科知识,学生有了教材,为什么还要聚在课堂上,由教师来讲解学科知识呢?学生是课堂的起点,学科知识是课堂的终点,教师要完成的,就是引导学生从起点走到学科知识的终点。这个过程中学生永远是主体,教师永远是帮手,这就意味着课堂教学中的教师,不应该只是想着如何去丰富自己的教学经历,而应该想着要让学生从目前的起点到知识的终点,必须经历哪些步骤,又需要如何组织这些经历才能让学习更加有效。学习知识是一个非常艰难的过程,因为它总是要求学生勇敢地批判已知的知识,并坚持不懈地挑战未知。既然学习是一个挑战未知的过程，而且我们还把学习看作由学生的亲身经历组成的，那么，课堂教学中的教师，其核心任务就是要用已知者的身份，引领学生不断地创造新的学习经历，在参与、体验的过程中掌握学科知识，形成学科思维和综合能力。

学习经历是一个抽象的概念，但真要在课堂中为学生创造新的学习经历，就需要很具体地面对学习经历了。在所有的学习经历中，主要是对学科知识的学习而言，参与都是其必备前提。要让学生参与到学习过程中，首先就要激活他大脑中学习这些知识的前提性知识，如果学生根本就没有这些前提性知识，或者有这些前提性知识但没有被激活，那后续课堂中发生的一切对他来说都没有丝毫的学习意义。教师们经常抱怨学生上课根本就听不懂，为什么学生上课听不懂呢？因为他连最基本的知识都不具备，就更别说听现在的课了。在这种情况下，要么需要通过教师对教学内容"深入浅出"的讲解来带动这部分学生，要么需要通过学生对自己前提性知识的补充来跟上课堂教学，否则学生即使身在课堂中，也永远只是课堂的观望者！

我们看一朵鲜花时，如果只是用眼睛扫一眼，这朵鲜花在我们的头脑中也就一闪而过，不管它多么漂亮，也不会留下多么深刻的印象。可是，如果你在欣赏鲜花时，不仅用眼睛看一看，还用鼻子去闻一闻，用手去摸一摸，甚至还用大脑去假想这朵鲜花像一幅美丽的油画，你将身体的多个器官都动用起来后，这朵鲜花留给你的印象就难以磨灭了，甚至你以后想彻底忘记都不大可能。为什么？这是因为你在捕捉鲜花这个信息时，你的身体获得了多种经历，有了这么多的经历，哪怕其中一个漏掉了，其他的经历也会补上；而且经历丰富以后，自然又会强化这个信息在你头脑中的印象。笔者其实是想说，对知识的学习和对鲜花的欣赏是一个道理，当一篇文章放在你的面前，如果你只是用嘴读读，读完了，这篇文章也就过去了；如果你不但用嘴读，还用大脑去构思一下文章的情节，用情感去体验一下作者当时的感受，用笔在文章重点处勾画一下，把自己从文章中获得的启示写在文章边上，甚至还把自己学习这篇文章的体会公开宣讲一下，你觉得这篇文章还会轻易从你的头脑中滑过吗？因此，对于教师来说，要想让学生在课堂中更全面更深刻地掌握教学内容，唯一的办法就是调动学生身体更多的器官参与到学习中来，让学生在学习教学内容时能够获得更丰富的学习经历。需要记住的是，是学生的学习经历让教学内容在他的头脑中生根发芽，而不是教师的讲授深入人心，即使教师的讲授取得了效果，也只是因为教师的讲授让学生的耳朵和大脑转动起来了。

三、学习经历成就有效课堂

为什么我们一直羡慕西方人的课堂教学方式？他们的课堂在知识传授上似乎并不比我们有优势。一想到我们的课堂，就想到自己的小学课堂，那时候，老师要求我们听课时一定要把手背在后面，腰要挺直，看起来这样的学生在课堂上一定非常认真。可现在回想起来，听课的姿势越标准，听课的效果似乎越不明显，因为当时太在意自己腰有多直，自己的手是不是不知不觉中放下来了。为什么越是标准的学习姿势却越难取得学习的成效呢？你想，当你的手已经背起来了，腰已经挺直了，这个时候，你参与课堂的也就只有眼睛和大脑了；当你还要考虑手是否背好，腰是否挺直时，连你的大脑也分心了，此时真正剩下的就只有眼睛了。用眼睛看老师上课，这就不是参与者，而是课堂的观察者；如果非得说观察也是一种参与，那肯定是一种最肤浅的参与方式，尤其那种只动眼睛而不动脑的观察，更是如此。

用单一的教学方式上课，不但对老师的要求很高，也很难得到学生的认同。在教学原则中，一直主张要采用多种教学方式来组织课堂，但并没有解释为什么教学方式多了，教学有效的概率就会提高。我们以惯常的讲授法为例，一堂课要老师以讲授法唱独角戏，不但对老师教学能力的要求特别高——既要有很好的口才，还要有足够的教学内容。而且对学生的要求也很高，因为在这种单一刺激之下，学生是极其容易疲劳的。为什么教学方式多了，教学有效的概率就高了呢？一方面是因为多种教学方式可以让学生在课堂学习中体验到多种学习经历，让学生不会因为单一的教学方式而疲劳；另一方面是因为通过多种教学方式来表达同一学科知识，可以使学生在同一学科知识上产生多重学习经历，从而让学科知识在学生的大脑里得以巩固。老师把一道题目讲明白了是一回事，学生把这道题目听明白了是另外一回事，学生自己把这道题目做出来了又是一回事，学生帮其他同学讲明白了这道题又是另外一回事。对于讲授法来讲，只能停留在第一步，你可以肯定自己把这道题目讲明白了，但并不能肯定学生都听明白了；当你讲完了题目再去问问学生听懂了没有，多了这个环节，就把学生的学习向自己听明白了这个环节推进了一步；如果老师在课堂上还让学生练习并讲解与例题相类似的题目，那就有助于学生做出这道题了；如果还能给学生提供相互讨论和交流的机会，就达到了更高的层次，当学生能够向其他同学讲明白这道题目自己是如何做出来的时，相信这道题目在学生心目中就难以磨灭了。

一直说课堂教学要以学生为本，可究竟什么是以学生为本呢？或者说要怎么样才算是以学生为本呢？如果没有一个客观的评价标准，以学生为本就极容易滑向放任学生，甚至纵容学生。在课堂教学中，要真正做到以学生为本，并不是看老师的课讲得如何，而是要看老师究竟为学生提供了什么样的学习经历。看了上面的文字，可能大家已经形成了这样的印象，那就是笔者总是希望每堂课都要让学生有丰富的经历，只有这样的课堂才算得上是有效的课堂。笔者的确有这样的想法，但如果纯粹是为了丰富学生的学习经历而丰富学生的学习经历，这样的课堂就毫无意义，就是对学生的放任和纵容，还不如只为学生提供单一的但却是科学的学习经历。问题在于，如何真正地让学生在课堂中的学习经历丰富起来，对这个问题的思考与解决，才是以学生为本的真实体现。教师是已经掌握了学科知识的人，对于学生要通过什么样的学习经历才能更有效地掌握学科知识，不敢说有非常全面而又科学的认识，但至少比学生更清楚这个问题的答案。因此，对老师来说，虽然并不一定要求每堂课都要有丰富的学习经历，但他们必须能够从让学生通过学习经历掌握学科知识的角度，来考虑今天的教学内容需要学生有什么样的学习经历，以及如何把这些学习经历组合进自己的课堂中来。极端地讲，哪怕一堂课只让学生有一种学习经历，只要老师能够给予合理的解释，而且的确实现了教学目标，那也是以生为本的课堂；如果学生在课堂中有着丰富多样的学习经历，但这些学习经历与学科学习无关，或者并不能有效地实现教学目标，那这样的课堂就是低效的，不能说是以生为本的。

当我们一味地认为只要老师上好了课、学生听好了课，这样的课堂就算有效时，只能说明我们在重复"行为主义"的刺激与反应的教学过程。只要老师发出了一个好的刺激，学生就会获得一个好的反应；可是，老师的刺激又是如何转化为学生的反应的呢？这个过程无疑就是学生的学习经历。在课堂教学中，老师并不只是刺激的提供者，更是各种各样刺激的组织者；这些刺激并不是非得直接作用于学生，而是作用于学生及其所处的学习环境，从而帮助学生体验这些刺激所形成的经历，最终在学生身上产生我们希望看到的反应。缺少了对学生学习经历的关注，课堂教学就演变成了老师对学生的刺激，这样的过程难免会恶化师生关系，而且难以实现预期的教学目标。因为，有什么样的刺激，就会有什么样的反应，这对于富有主动性的学生来讲，并不是一个学习过程，而只是一个"被训练"的过程，哪怕训练的结果非常诱人，也丝毫不会激起他们对课堂学习的兴趣与热情。

7. 寻路新课堂

——情趣、技术和艺术的共舞

    人虽活在当下，却又都为未来活着。虽然老师们都在努力经营着自己的课堂，但却没有几位老师对自己的课堂感到满足，总是希望自己的课堂能够变得更好。如果只是日复一日地重复今天的课堂教学模式，这样的教学生涯对教师来说就少了人生的意义，更别说人生的挑战了。可是，谁又讲得清楚未来课堂的路在何方呢？每个人的心中都有一个理想的课堂标准，但在这个理想的课堂标准中，有趣往往与有效相冲突，生本往往与师导相冲突，这些标准分开来看都各有道理，但合在一起就让人无所适从。课堂教学是需要有趣的，但有趣是围绕着有效这个问题来展开的；课堂教学需要理想引领，但更需要理性谋划；课堂教学需要艺术的发挥，但更需要技术的支持。正是按照这样的思路，在此为课堂教学的未来寻路。

一、情趣先行：用德育温暖课堂

    你的课堂再精彩，如果没有人来听，也会变得毫无意义。因此，课堂教学的第一个问题，就是如何让学生参与进来。大家会说，要让学生参与到课堂之中，那还不是一件非常简单的事，哪怕再调皮的学生，上课的时候也还得乖乖地坐在教室里。在他们看来，似乎只要学生坐在教室里，参与就已经不是问题了，殊不知，课堂教学的首要差异，就是老师自己对课堂参与的定义不同。让学生坐在教室，这是第一步，但这和你的课堂教学没有任何关系，因为这是他们必须来的。正因为他们必须坐在教室里，所以他们来的时候就可能已经带有抵触情绪；要消解学生的抵触情绪，就需要老师让已经坐在课堂里的学生喜欢上你的课。要让学生喜欢上你的课，有两条路可以选择：一是让学生喜欢上你，这表现为一个"情"字；二是让学生喜欢上你的学科，这表现为一个"趣"字。

要让别人向你学习，这比让别人给你钱更困难。先不说老师与学生之间的关系，就算是成人与成人之间，你说服他人都已经很困难了，何况还要他人向你学习。但这一点经常被我们忽略，由于"一日为师，终身为父"的理念，早已无形中确定了教师教学地位的合法性，认为老师教学生就是为学生好，既然是为学生好，那学生自然就应该接受，不但应该接受，还应该感恩。但是，你为了他好，他就应该悦纳你吗？我看不见得。你说是为了学生好，可是好在哪儿呢？这只能意味着你在为他确定一个学习目标，而他只是实现你确定的学习目标的工具而已；虽然从长远来看，学习目标的实现有利于这个工具的发展，但是，即使有这样的好处，学生也可能不愿意当这个工具，谁也不愿意被他人当作工具来对待呀！还有一个观点，就是老师是成年人，是有知者；学生是未成年人，是无知者。因此老师教学生就是有知者教无知者。可是，学生真的是无知者吗？即使他真的是无知者，他也不希望被老师当作无知者来对待。我想，我们自己也有这样的感觉，是不是在我们这些老师的潜意识或者无意识里，都有着把学生当做实现教学目标的工具，当作无知者来对待的想法或者预设呢？

用自己的人格魅力来论证作为教师的合法性，这是教师必须解决的问题，你得向学生证明你适合做他的老师，要让学生觉得你值得做他的老师。这个论证过程不是地位的高低、年龄的大小、知识的多少所能够决定的，而是人与人之间在人格上的征服。你要让学生好好爱别人，你就要加倍地爱自己的学生；你要让学生喜欢学习，你自己就要加倍地喜欢学习；你要让学生理解你，那你就要对学生有更全面的了解和更深刻的理解；你要让学生向你学习，你就要加倍地向你的学生学习。如果你觉得没有向学生学习的必要，那么，证明你更需要发现学生的优点，而不是一味地指责学生的缺点，甚至否定学生这个人。让老师去爱学生、喜欢学生、理解学生，既是为了搞好师生之间的关系，也是为了教会学生如何处理好人与人之间的关系，建立在这种教师与学生之间的感情之上的，才是真正的德育。感情的培育是要有行为基础的，虽然这些行为并不在课堂中发生，但却对学生如何对待课堂、如何对待课堂内外的老师有着至关重要的作用。

"亲其师才能信其道"，但还要看这个"道"被你演绎得如何。如果在21世纪你仍然用11世纪的教学方法，相信"亲其师"的学生也难以"信其道"了，而且还有可能把你前面好不容易做到的"亲其师"也给浪费了。要让学生喜欢你，这是你为师的前提，那是课外的工夫；要让学生喜欢你的课，这是你上课的前提，这是课内的功夫。课如其人。我们都喜欢什么样的人呢？假如让我们必须在祥林嫂和阿Q之间选择，相信大多数人都会选择幽默的阿Q，尽管对阿Q来讲，这可能不是幽默而是自我解嘲，但自我解嘲总比天天都向别人晒自己的痛苦经历的祥林嫂更讨人喜欢一点。因此，让自己的课变得有趣一点，幽默一点，这是让学生喜欢你的课所不可缺少的。要让自己的课变得有趣，教师需要在日常生活中更多地关注幽默有趣的事物，这样才能把幽默风趣的生活态度很自然地迁移到课堂之中；要让自己的课变得有趣，教师需要打通学科知识与日常生活之间的隔阂，学生并不是学科专家，相信绝大多数学生也都不会成为学科专家，他们只是这个学科的过客而已，对这些业余的学科学习者来讲，如果缺少了日常生活的培育，学科知识就难免因为专业而抽象，因为抽象而被逃避或讨厌。

让课堂变得有趣还有很多种方法，但需要注意的是，让课堂变得有趣并不是简单地顺应学生，更不是盲目地纵容学生。对学生来讲，他们需要的是有责任的成长，而不是无约束的嬉戏。学生从课堂中获得的最大乐趣并不是笑逐颜开，因为它只是暂时的，只有学习成就感才是永恒的。因此，对教师来讲，让自己的课堂有趣，和让学生对自己的学习承担起责任，两者应该是同步进行的。只是有趣但没有学习责任感，这样的课堂就是对学生的顺应或者纵容；只有学习责任感但没有趣，这样的课堂也是对学生耐心与智慧的挑战。把有趣和学习责任感相结合的课堂，才是教与学的完美结合。要让学生对学习有责任感，并不意味着把每堂课的教学目标都交给学生，也不是把学科教学目标交由学生来决定，毫无疑问，每堂课的教学目标与学科教学目标都是需要教师决定的；学习责任感是要让学生对学习目的负责，并进一步演化为对学习目标负责，教师为学生提供的教学目标，只是帮助学生更好地确定自己的学习目标。

还需要强调的是，在情与趣之间，一定是"情先行、趣跟进"的关系。当人与人之间没有感情时，你可能觉得别人做的有趣的事，只是在戏耍你；当人与人之间有感情时，你才能够非常善意地理解他人的所作所为。举个例子，笔者一直比较喜欢葛优，尽管他在各种影视剧里总是扮演不怎么好的角色，但就是喜欢他，为什么呢？第一，他个人在生活中从来就没有什么绯闻；第二，他是重庆人，虽然在影视剧里他总是讲普通话，但我还是能够感受到亲切的乡情。正是有了这份乡情，尽管他从来就不认识我这位老乡，我却比别人更能感受与喜爱他的幽默与风趣。对于刘德华我也一直比较喜欢，但这个心理距离却永远也拉不近，总觉得他只是一个比较出众的艺人而已，我理解不了他这个人，自然也就只能把他的影视剧和歌曲，当一种艺术品来欣赏，而不是生活品来体味了。我想教师与学生也是如此，如果师生之间有了比较深厚的感情，教师在课堂教学中的幽默和风趣就是一种生活品，学生就会参与并体味，从而让自己浸润其中；如果师生之间只有最起码的相互认识，甚至连认识都达不到，教师在课堂教学中的幽默和风趣最多是一种艺术品，还有可能被学生认为是调味品，只是被拿来观赏而已，学生自己并不会投入其中。

二、技术支撑：用经历丰富课堂

和很多名师聊天，总会很虔诚地问一个问题：你的课为什么上得这么好？却很少得到标准答案，更多的是反问我：你觉得把课上好还有理由吗？在他们看来，把课上好就是自己的本事，究竟是什么原因使得自己有这个本事，那就很难讲清楚了。这也就不难解释，为什么那些在一线把课上好了的名师，很少对外演讲自己是如何把课上好的，而是直接上各种各样的展示课。可这样就产生了另外一个问题：那些来听课的教师由于不知道为什么这位名师能够把课上这么好，回去就只好简单地模仿，以为这样就可以让自己的课堂好起来。上好课但讲不清楚为什么能上好课，这对于名师的学生来讲是没有任何问题的，因为学生只需要一堂又一堂的好课，没有必要搞清楚好课是从哪儿来的。但对于别的教师来说，这个问题就至关重要，如果告诉别人说，上好课完全是个人天赋使然，那绝大多数教师就应该测试自己是不是有上好课的天赋。如果上好课是个人努力使然，那就应该告诉其他教师，自己是如何努力的，哪些努力让自己对课堂的驾驭更娴熟。的确，笔者也相信课堂教学是有艺术性的，而且课堂教学出彩的地方往往就是艺术性发挥的地方；但我也坚信，一个没有技术支撑的艺术品，永远只是一些远古时代的文物，欣赏它是因为它的时代长远，而不是因为它的品质过硬或者外形优美。

课堂教学本身并不是目的，它是服务于教学目标的，从这个意义上讲，课堂教学应该是依赖于教学技术的。可是，课堂教学究竟依赖于什么样的教学技术呢？在教师开展课堂教学之前，课程标准就已经制定好了，根据课程标准编撰的教材也提供给教师了。因此，课堂上的教师并不是教学内容的创造者，而是教学内容的解读者，就是把原本用文字表达的教学内容，用生动的课堂形象予以重新解读；把原本按照知识逻辑表达的教学内容，用生活逻辑予以重新解读。既然教师在课堂教学中只是教学内容的解读者，那么怎样的解读才是有效的呢？这一方面和解读的能力有关，另一方面也和听解读的学生有关。问题在于，如果学生只是来听听教师是如何解读的，那么哪怕在课堂上教师解读得非常精彩，也不会给学生留下多么深刻的印象。由于只有听的经历，如果下一次再碰到比这次更精彩的经历，这一次听的经历就会被淡忘了。可能有的教师会讲，我相信别的教师不会比我解读得更精彩，此处需要注意的是，我指的是学生"别的听的经历"都是"课堂上听的经历"的竞争者，比如他看电视听到的东西，他道听途说的东西，这些都是课堂教学的有力竞争者。

为了让学生能够真正地、深刻地掌握教学内容，教师只做教学内容的解读者还远远不够，因为对教学内容的掌握只靠听这一种经历是不够的。越是丰富的学习经历（丰富既指种类的多又指数量的多），越容易让学生更全面、更深刻地掌握教学内容。于是，教师就不仅是教学内容的解读者，更是教学内容与学生之间的关联者。如何让学生走入教学内容之中，在教学内容营造的学习世界里，通过自己多种感官的参与和体验，尽可能多并尽可能深刻地了解、理解、吸纳教学内容是至关重要的。传统的教学观点一直主张让教学内容走到学生的心灵中，但教学内容是死的，而学生是活的，教师要想办法让教学内容走近，甚至是走进学生，这的确是委屈了教师。在这种情况下，教师只好在教学内容上打主意，想方设法通过改变教学内容来达到这样的教学目标。其实，既然教学内容是死的，那么教师就更应该在学生身上打主意，不是让教学内容走进学生，而是让学生走近教学内容。

让学生走进教学内容，这究竟是什么含义呢？学生走进教学内容之前，教学内容只是以文字呈现的、平面化的教材，如果你只用眼睛去看它，用嘴去读它，不用心去体验它，不用手去操作它，这样的学习就不可能留下深刻印象。这就需要教师帮助学生把教材类教学内容展开来，比如用生动的语言阐释教学内容，用具体的题目来例证教学内容，用相应的教学资源激活教学内容。如果学生愿意听教师是如何展开教学内容的，而且还把教师如何展开教学内容听进去了，这时候，教学内容就呈现出了生动和立体的一面。可是，如果学生没有参与到这个过程之中，或者参与了但并没有起到让教学内容展开来的效果，这时候的教学内容就仍然只是文字化、平面化的教材。

让学生自己进入教学内容营造的学习世界，这就需要学生以阅读者的身份来解读教学内容，用自己的语言，或者借助于教师在课堂教学中解读教学内容的语言来阅读教学内容；还需要学生以创造者的身份来感受教学内容，比如朱自清写《背影》时的背景和作者当时的心理感受是什么？发现勾股定理在当时面临着什么样的困难，发现了之后对数学的发展又起到了什么样的作用等。还需要学生以使用者的身份来消化教学内容，比如看了朱自清的《背影》，对当时的人来讲可能产生什么影响，对今天的人来讲又可能产生什么影响；今天的人学勾股定理有什么用，对于数学思维的形成有什么帮助，对于日后的生活又有什么帮助等。还需要学生以传授者的身份来重构教学内容，如果学生是教师，应该如何把完整的教学内容传授给学生呢？这看起来是一个预设，但实际上是把分角色、分知识点的知识，重新组合为一个全结构化的、系统化的学科知识。当然，如果学生能够以考核者的身份来评价知识，那就更有意思了，因为有了学科知识的评价意识，就意味着学生不但已经完全掌握了教学内容，而且还学会了根据教学内容在学科结构中的重要性来取舍，这既有利于学生在考试中取得优异的成绩，也有利于学生更充分、更系统地掌握教学内容。

虽然我们总是希望课堂教学能够为学生提供丰富多样的学习经历，但这在教育实践中很难实现，毕竟每一项学习经历都是有成本的，比如总是要占用课堂时间，总是要让教师在课前做充分的准备与预设，等等。只有为学生提供合适的学习经历，才可能提高学生整体的学习效率，而不是缠结在某个知识点或者某堂课的学习效率上。判断学生应该在课堂上有什么样的学习经历，最直接的依据就是知识点的掌握程度。如果想要让学生系统而又深刻地掌握知识点，最好是所有类别的学习经历都让学生体验，这样可以让这些知识点在学生大脑中留下不可磨灭的印象；如果需要掌握的程度比较浅一些，那就只需要学生在众多类别的学习经历中选择一两个；如果只需要学生记住知识点，用学习者的背诵经历就足以应付了。在这里需要解释的是，把每个知识点都当重点来教，在逻辑上的确可以帮助学生更好地掌握学科知识；可事实上，正因为每个知识点都是重点，反而容易导致学生虽然可以解答每个知识点上的题目，但却无法把单个的知识点还原为系统性的学科知识。

三、艺术绽放：用创新引领课堂

在心理学中有这样一个实验：用铁丝为幼小的猴子做两个妈妈，一个妈妈挂了个奶瓶，另一个妈妈穿上了毛绒绒的衣服。小猴子和这两个妈妈处的时间长了以后，我们发现只有当它饿了的时候，它才跑到挂着奶瓶的妈妈身上去，可一旦喝饱了，它又会迅速回到穿着毛绒绒衣服的妈妈这边来。看完这个实验，我非常感慨，不管是对动物还是对人，技术性的满足是永远不够的，我们需要给予其应有的亲情与关怀，而不是简单地将其看成是缺少食物或者缺少知识的一个容器，才能够更容易接受，自然也就更容易对其进行改变和教育。不可否认，在教育中过度地引进技术类的操作行为，虽然有利于提高教学效率，但必然会减少教育对人的关怀，最终不可避免地走到为了技术而技术的地步。在课堂教学中，需要有理性思维，也需要有技术行为，但理性思维与技术行为都要服务于促进人的发展这个永恒的目标。当教育中只有理性思维与技术行为，却没有促进人的发展这个目标时，就不能称之为教育，更为恰当的用词应该是"训育"。

一个课堂要有人气，而这个人气的源头，就是教师在课堂中要把自己当成一个人对待。如果说教师不把自己当成人对待，肯定会有很多教师骂笔者；但我的本意是说教师在课堂中往往不把自己当一个人对待，有些行为看起来是符合教学规律的，但却不符合作为一个常态人的生活规律。比如说，教师对教学内容的诠释，就很少有个人的色彩与见解，理由是教学内容怎么考，我们就怎么教，如果个人色彩与见解多了，岂不是更不利于学生考试成绩的获得；再如教师在课堂上很少表达自己的个人情感，理由是教学过程是一件严肃的事情，如果带进太多的个人情感，会让整个课堂显得过于松散；再如教师在教学进度上很少有自主精神，理由是教学进度都是由学校安排的考试决定的，当教学进度过于自主时，难免会让自己班级的学生在学校的考试中落败。一个教师在课堂中把个人观点隐藏起来，把个人情感掩饰起来，把自主精神压抑下去，这样的课堂连人气都没有，就更别说艺术性与创造性了。

没有个性的课堂教学就没有创造性，所以教师非常有必要在课堂教学中展现自己的个性。对于绝大多数教师来说，并不是不想在课堂中展现自己的个性，而是困惑于自己应该如何展现，似乎在各种各样的考试和考核面前，并没有为自己个性的展现留下多大的空间。说实话，如果是为了展现个性而展现个性，让自己想怎么讲就怎么讲了，这样的个性展现，不管是学生，还是学校管理者，都不可能喜欢，更别说实现教育教学的目标了。教师个性的展现要以科学而又务实的教学技术为支撑，只有在教学技术的科学保障的基础上，教学个性才能够不因为形式上的自由而伤害实质上的内容，教学创新才能够不因为教师个性的张扬而导致学生片面的发展。在有厚实教学技术支撑的情况下，课堂教学的创造性主要体现在以下三个方面。

一是人性化教育教学目的的确定。不管是教师还是学生，都不愿意在目的上成为他人的工具，但大家都明白一个道理，为了达到自己的目的，可以成为教学目标的工具，或者说愿意忍受成为教学目标工具的痛苦。要形成人性化的教育教学目的，首先要求教师自己能够将教育教学目的定格在考试成绩之外，定格在学科教学内容之外，而不是将自己和学生都圈定在考试成绩和学科教学内容之内。此处要强调的是教育教学目的和教育教学目标的区别：教育教学目标一定是在考试成绩和学科教学内容之内的，而教育教学目的却必须定在考试成绩和学科教学内容之外，目的与目标之间的张力就突显了教师教育教学的艺术性和创造性。目标是要服务于目的的，如果教师把目标当成了目的，学生与教师就都成了工具；如果教师把课堂教学中的目标视为实现目的的手段，教师与学生就都成了学习的主体，而教学内容则成了课堂教学的对象。

二是教师自我的人性化展现。每一个能称得上是精品的艺术品，都有一个非常突出的特点，就是"有灵气"。究竟什么是灵气呢？那就是在一个物的身上展现出了人的气息；当然，这个"人的气息"肯定不是无中生有的，而是造物者在创作这个艺术精品时，把自己的人性与个性注入其中，或者与这个艺术精品分享了。同样的道理，如果我们把一个完美的课堂视为艺术品，那也就注定了教师要把自己的人性与个性注入到课堂之中，与课堂教学分享自己的人性与个性。如果教师把自己的人性与个性隐藏在教学内容之后，或者在课堂中只专注于知识传授，而不着力于如何创新自己的课堂，他上起课来肯定很吃力，学生听课也不轻松，要完成知识传授的任务自然也就不容易。

三是对学生思维灵性的激活。让学生在课堂中有丰富的学习经历，这是教师在课堂教学中需要完成的任务；但教师怎么致力于学生课堂学习经历的丰富，也只能为学生创造丰富课堂学习经历的机会，要真正从学习经历中受益，还是需要学生自己对课堂学习的投入。但人往往好逸恶劳，能够躺着就不愿意坐着，能够坐着就不愿意站着。因此，要让一个人站着，就要把可以躺或坐的东西拿走；要让一个人跑起来，就要给他一个必须跑的刺激或者诱惑；要让学生在课堂中有所收益，让学生的思维有所创新，就既要把让他们思维怠惰的条件破坏掉，又要增加激活他们思维的刺激和诱惑。创新永远都是思维的创新，但人的思维又是极其容易怠惰的。

　　新的课堂，一定是情趣、技术与艺术共舞的结果。情与趣，是让学生走近课堂与接受课堂的前提，但要真的做到建设一个情趣课堂，教学工作的重心并不在于课内的设计，而在于课外的日常生活。课堂教学技术的应用，也是冒着双重风险的：一是要破除以往教师们对教学经验的信从，二是把课堂技术化似乎是对课堂人性化的背叛。但实际上，课堂技术远比课堂经验更为稳定与可靠，而且也只有有了稳定与可靠的课堂技术，才可能让课堂中师生的人性得到更科学、更深刻、更稳定的张扬。把课堂艺术化的绽放放在最后，是因为坚信只有先有了情与趣的引入，才不会让学生在技术化的课堂中转身就走；只有先有了技术化课堂的科学保障，才会有艺术化课堂的全面展现。艺术化的课堂才是真正有品质的课堂，从情趣到技术，从技术到艺术，这个过程是不可逾越的，一旦你逾越了，就很难从头再来，虽然这样的判断比较武断，但也算是一个善意的提醒。

第三辑　复习的方法

1. 别让"课后复习"止于"家庭作业"

作为教师的小张妈妈，最近发现了一件奇怪的事情。小张同学一直是很听话的孩子，上学后更是如此，一回到家就尽快完成作业。有一天，当小张同学比较早就完成了家庭作业时，妈妈有点担心他是不是做得不够认真，又怕就这样直接问，会让他觉得妈妈不信任他。于是，妈妈旁敲侧击地问道，今天你在学校学到了什么东西呀？小张同学回答得很干脆，我怎么知道呀，反正作业是做完了。妈妈觉得很困惑，就追问道，既然你学到了什么都不知道，那怎么会把作业做完了呢？小张同学有点生气地把自己的作业本拿给妈妈，并对妈妈说，你来检查一下不就知道了，反正你喜欢当老师，在家也不例外。到了这个份上，妈妈也只好把他的作业检查一遍了，看起来小张同学的作业做得还不错，基本没有什么错误。这就让妈妈更加困惑了，为什么学了什么都不知道，但家庭作业却做得不错呢？由此可见，学生把作业做好了，并不等于他就把当天学习的内容复习好了。

一、做完作业不等于复习好了课堂知识

如果你仔细观察，就会发现像小张这样的同学并不是少数。大多数同学回到家里，都是急着完成家庭作业；事实上，教师对学生的要求，也就是放学后，回家完成家庭作业。但问题在于，学生是不是把家庭作业做完了，就等于把今天的学习内容复习过了。对学生自己来讲，学习包括三个阶段，即

课前预习、课堂学习和课后复习，要想提高自己的学习效率和学习品质，把这三个阶段的学习任务高质量地完成是有必要的，但更重要的是要保证这三个阶段一个都不能缺少。一旦这三个阶段的学习任务有任何一个缺失了，不管你在其他两个阶段如何努力，都不可能取得良好的学习成效。同样的道理，课后复习也应该包括几个小的环节，比如先通读再提炼和总结今天的学习内容，然后把今天的学习内容和以前的学习内容联系一下，最后做家庭作业，通过家庭作业来看前两个阶段的学习任务是否完成了，看自己是不是把今天的学习内容搞懂了，是不是会应用今天的学习内容来解题、来解决学习或者生活上的问题了。

在学习的三阶段里，学生花时间最多的是上课，其次是复习，再次是预习。把三个阶段的任务仔细分析一下，你就会发现，复习是最重要的，预习其次，最次是上课。对课前预习阶段来讲，课前预习就是学生自主学习，开始接触学习内容，并初步尝试转化和内化学习内容。这个阶段，如果学生还没有完全掌握学习内容，也不是大问题，还可以在课堂学习中解决。这个阶段虽然只是开始，但却是雪中送炭的阶段，也就是说，如果学生没有事先预习，他不但掌握不了预习阶段应该掌握的知识，而且也不知道在课堂上应该干什么，因为他根本就没有形成问题，自然也就不需要学习和复习了。对课堂学习阶段来说，课堂并不是学生自学的地方，而是接受教师指导和同学帮助的地方，在这里并不是学习知识，而是解决在知识学习过程中的问题。这个阶段是锦上添花的阶段，是把知识学得透彻、学得灵活的阶段。

说课后复习是最重要的，原因有三：一是课后复习涉及对一天学习内容的整体梳理，不仅仅是一个学科的内容梳理，还牵涉对不同学科内容之间的梳理和整理；二是复习是学生建构当天学习内容的时候，如何把今天学到的内容融入自己原有的知识结构之中，丰富与优化原有的知识结构，这都是在复习阶段完成的；三是课前预习与课堂学习都是知识储存的过程，只有课后复习才是以知识提取为主要特征的，因此课后复习决定着学生能够提取出多少知识，决定着学生是否能够运用所学的知识解答题目和解决问题。我们在这里把课后复习的重要性讲得如此明晰，自然就显露出了当前课后复习存在的问题，那就是目前对课后复习的理解过于肤浅，简单地把做家庭作业视为课后复习。诚然，做家庭作业肯定是课后复习的一个部分，但错在把做家庭作业当作课后复习的全部。一旦学生把做家庭作业当作课后复习的全部，其对学习内容轻重缓急的整体梳理，对学习内容前后左右的整体建构，对学习内容提取方法的整体探索，也就都不复存在，真正能判断课后复习标准的，就只剩下是不是把家庭作业做完了、做对了。如果没有前面几个环节的努力，学生要把家庭作业全部做完，而且还要全部做对，相信这是一件有难度的事；而且，即使学生把家庭作业全部做完、做对了，也不意味着他就把当天的学习内容掌握了，而是因为他把教师当天的解题方法复制过来了。

二、为何课后复习只剩下家庭作业

学校教育最被大家诟病的，就是课堂教学效率不高。我在对课堂教学审视多年之后，发现课堂教学效率不高，并不是课堂教学本身有多大的问题，而是课堂教学承载的任务过重。就今天的课堂教学来讲，不但要承担课堂学习的任务，还要承担课前预习和课后复习的任务，比如对课堂教学"先学后教"模式的认可，对课堂教学内容要"堂堂清"的高度强调。当课堂教学负重前行时，自然不可能高效得起来；这就好比当挑着超出自己承重能力的重担时，你不但走不快，而且在行走的过程中也高兴不起来。大家去听课时，一定也有这种感觉，绝大多数教师上起课来都是全身心投入的，但很难说谁的课堂就真的天衣无缝。原因不在于教师自己做得不好，而在于课堂教学要完成集课前预习、课堂学习和课后复习于一体的责任，如此三重重压，不管教师多么努力，都是不可能同时完成的；既然完不成这三种责任，课堂教学效率就不会高，教师也就很难得到好的评价，这也就可以解释，为什么大家说课是永远都上不好的了。

为什么我们把所有的重担都压在课堂教学身上，而不去追究课前预习与课后复习的缺位之过呢？其实，如果我是校长，我就要告诉社会，尤其告诉家长，课前预习就是要强调学生的自我学习，而且要尽其所能地自我学习；课后复习就是要强调学生的自我总结，而且要尽其所能地自我建构；课堂教学只是教师帮学生解惑，如果学生没有自我学习和自我总结，以致无惑产生，那对课堂教学中的教师来讲也就无惑可解了。如此一讲，道理是容易接受的，但这也就意味着，学生学得究竟好还是不好，考得好还是不好，责任都不在教师，而是在学生自身，我想，没有多少家长会接受这个事实的，尽管在我看来这的确是事实。不但家长不愿意接受这个事实，就连校长也不大愿意，更不敢公然提倡这样的观点了。如果认为学生学得好不好、考得好不好的责任都在学生自身，那校长还怎么管教师呢？在学生课前预习、课堂学习和课后复习三个阶段中，只有课堂学习是和教师的课堂教学相呼应的，当校长和家长将对学生的教育责任强加给教师时，很自然地就加重了课堂教学的责任，从而忽略甚至忽视了学生对课前预习和课后复习的学习责任。

大家对课后复习的重视程度大打折扣之后，尤其是对课后复习对学生学习成效影响作用的期待大大降低之后，不管是教师还是学生，都对课后复习不再重视。当然，虽然不够重视，但似乎也觉得少不了这个环节，于是用一些较低层次的任务，来填补这个环节需要完成的任务，从而证明这个环节还是存在的。对教师来说，估计没有几位教师相信学生会课后复习的，即使让学生做大量的作业，也没有几位教师相信通过做作业就可以让学生更好地掌握知识。之所以还要求学生做作业，目的并不是让学生积极地发挥复习的功能，而只是通过作业让学生不要太贪玩，如果还有更微妙的心理，那就是让学生尽可能地把课余时间花在自己所教的学科上。对学生而言，早就把学习成效赌到了教师的课堂教学之上，课前预习是可有可无的，既然有教师在课堂上解决问题，那又何必自讨苦吃，在课前碰壁呢？课后复习就更没有意思了，连在课堂上有教师帮助的情况下都没有学好，复习就更不可能有什么好的成效了。那么，做作业的目的是什么呢？是完成教师布置的任务，至少证明自己没有把时间花在别的事情上，甚至向教师证明自己没有把时间花在别的学科上。

三、让课后复习变得宽厚起来

课后复习的第一步，是学生要花时间去阅读和浏览一天的学习内容。在阅读和浏览的过程中，并不需要学生做作业，只是需要学生以一种"登泰山而小天下"的心境，静静地阅读和思考。就像自己好不容易爬到了山顶，总是要欣赏一下自己的成就一样，把今天学习的内容欣赏和浏览一遍。课前预习，要求学生以一种自下而上的方式学习，如果在朝上攀登的过程中碰到问题，就暂时绕过去，留到课堂学习的时候，借助于教师的课堂教学来解决；而课后复习，则要求学生以一种自上而下的方式来学习，要求学生能够跳出具体的知识点，把一天学习到的内容，区分出重点和非重点、难点和非难点来。如果学生没有过阅读和浏览这一关，就容易把自己陷到具体的知识点中，陷到题海战术中，这就犹如连地图都没有看，就急急忙忙地上路，结果难免在路上东撞西躲，搞得自己精疲力竭，最后不知道走到哪里了。

课后复习的第二步，是学生要花时间去重构自己当天学到的知识。首先得让学生知道当天究竟学了什么，就像厨师做菜一样，大致知道今天有哪些原料，哪些可以做主餐，哪些只能做甜点。其次还得重构这些知识，这就不再是浏览和思考了，更重要的是要把今天学到的知识进行加工。一方面，要求学生把今天学到的知识转化为自己的知识，不管学生学懂了多少知识，如果不能够用自己的逻辑、自己的语言、自己的思维对其进行加工，这些知识就永远都是别人的。虽然看起来学生可以依葫芦画瓢般地解题，可以原封不动地把这些知识背出来或者默写下来，但时间一长，或者学习环境一变，学生自然就忘记了。这就难怪，有的学生今天听懂了，作业也做出来了，但等到一测试又做错了或者根本就不会做了，这不能怪学生，因为他只是到了重复的学习层次，还没有到重构的层次。最后，还得要求学生把今天学到的知识与过去的知识联合起来，既丰富过去的知识，又让新学到的知识贴紧过去的知识，这样才能掌握得更好。

课后复习的第三步，是学生要花时间去做与今天学到的知识相关的家庭作业。虽然本文对家庭作业的印象似乎不是特别好，但这并不是家庭作业本身惹的祸，而是因为我们把家庭作业的功能无限放大，并用其填补了学生所有课后复习的时间。对课后复习来讲，家庭作业还是非常重要的，但家庭作业重要与否，并不在于学生自己做对了还是做错了，而在于学生能否通过家庭作业达到两个目标：一是能否把知识掌握到应用的程度，另一是能否在不同的情境下都应用已经掌握的学习内容。对前者来讲，判断学生是否把知识掌握到了应用的程度，也就是看学生是不是会做家庭作业了。事实并不完全如此，会用了，那是指学生能在脱离教师指导的解题方法和解题思路的情况下会做家庭作业了；如果还不会用，包括学生不会做作业，也包括学生作业做对了，但只是在简单地重复教师在课堂教学上提供的解题方法和解题思路。

让学生自己出家庭作业，而不是让学生自己做家庭作业，这可以看成是课后复习的最后一步，也可以看成是学生做家庭作业的最高标准。其实，判断学生学习知识的最高程度，并不在于学生能够应付别人的考试，而在于学生自己能够用所学知识去考别人。当学生做对了家庭作业，哪怕是用自己的逻辑、思路和方法做对了，他也不见得就会在其他的题型中，或者在其他的情境中做得正确。但是，如果学生自己能够根据所学的内容，为自己或者他人出一些家庭作业的题目，那就意味着他不但掌握了所学内容，而且学会了变着法子来应用所学内容，这才是真正的学透了。

2. 从"听得懂"到"学得会"路有多远

　　明明自己在班上讲了两三遍的题目，可在考试中答对的学生还是不多，这让张老师特别郁闷。难道是自己讲得不够清楚？可自己每次讲完都会问学生是否听懂了，学生也都回答的确听懂了呀。而且，为了验证学生是不是真的听懂了，自己还在课堂上抽学生到黑板上做这道题目，学生也的确做对了呀。可为什么考试的时候，学生还是做不出来呢？这能不让人郁闷吗？相信这样的情况不只张老师遇到过。教师在课堂上都讲到这个份上了，学生在考试中还做不出来，教师还能够做什么呢？

一

　　足球是一项集体运动，如果缺少了球员间的合作，哪怕人人是天才级的球员，也不能保证球队能够取得可喜的成绩，我想这个道理对任何人都是不言自明的，哪怕像我这种对足球运动没有丝毫兴趣的人也是如此。可是，当我们尊重了球队的组织功能时，也不能因此而断然否定某些天才球员的个人表现，尤其是前锋和守门员。前锋的临门一脚是任何球友都帮不了的，守门员的精彩一扑也是别人替代不了的。可是，真正令球迷失望的，是前锋把球踢到了守门员怀里而不是门里，因为这意味着所有的努力都因他的一脚而前功尽弃了。讲到这儿，是不是很多老师也有同感了呢？不管你在课堂上把知识讲得多么透彻，也不管学生在课上课下做了多少遍练习，如果在考试的时候学生做不出来题，那么前面所做的一切都将归零。

正如前锋踢球有风险一样，谁能够保证每个球都正好踢到门里面呢？谁又能保证学生在考试时能够把每道题都做对呢？可是，如果我们把每道题能否做对都认为是一种运气，那考试就真的变成算命的差事了。的确，有些球是肯定可以进的，有些球是肯定不可能进的，当然，还有些球是要靠当时的运气和前锋的发挥的；但可以肯定的是，高水平的前锋和低水平的前锋之间是有差异的，差异的部分并不在于运气的好坏，而在于肯定可以进球的范围大小。与之相应，在考试的时候，对学生来讲，有些题目是肯定可以做对的，有些题目是肯定不会做的，还有些题目要靠当时的运气和学生的发挥；但可以肯定的是，优秀的学生肯定可以做对的题目，一定比差生肯定可以做对的题目要多一些。因此，运气只能决定学生是考得更好还是考得更差，但真正决定学生考得好还是考得差的，永远是学生自己对知识的把握程度。

学生真正掌握了知识，就意味着他在考试中肯定能够做对题目，不只如此，在以后需要使用这些知识时，他还能够顺手拈来。可是，判断学生真正掌握知识与否的标准是什么呢？相信大家都有过在异乡问路的经历，当别人告诉你应该在哪儿向左转、到了哪儿再向右转时，你可能觉得自己已经听懂了；可是，当你按照这样的指示行走时，还是不明白究竟该向左转还是向右转，非得自己亲自走过一遍，才能够真正理解别人的指示。对知识的掌握也是如此，老师讲得清楚与否，只能决定学生在课堂上是否听得明白，并不能决定学生是否真的学会。老师讲得清楚，学生自然容易听得懂；老师讲得糊涂，学生自然难以听得懂。但学生听得懂只是有助于而并不能直接让学生学得会，学生没有听懂也不能说学生以后就学不会。真正决定学生是否学会的，还是学生自己对知识的理解、思考与体验。

二

老师主导，学生主体，可究竟谁是主体呢？这个在理论上纷纷扰扰的命题，在课堂教学中不应该只是一个理论命题，而应该是一个实实在在的问题，那就是谁最终使用知识，谁就应当是主体。的确，教师负有帮助学生掌握知识的职责，人们也往往用学生的考试成绩评价教师教学的有效程度，可这一切并不能否定学生自己掌握知识、自己在考试中获得成绩的事实。虽然在考试之前，教师们会为学生尽可能多地掌握知识而呕心沥血，可最终上考场的、在考场上面对考题的是学生；老师们在考场上并不能帮学生，他们已经摇身一变成了监考教师。考场只是一个看得见的学生使用知识的地方。在未来的生活中，还有很多地方需要学生使用知识，那时候老师离学生仍然很遥远，学生也不可能再寻找到老师的帮助。因此，学生只有自己把知识学会了，才可能在考试中做对题目，也才可能在以后的生活中自如地使用知识。

教师的教与学生的学，两者的关系就像脚手架与在建大楼一样：当在建大楼还不能独自挺立时，脚手架起着至关重要的作用，只有通过脚手架才可能为大楼的修建提供需要的建筑材料；等到大楼修建成功时，脚手架的使命也就完成了。不管脚手架多么牢固，一个不撤除脚手架的大楼也是不可能投入使用的；实际上，脚手架本身多么牢固，也是不可能真正支撑起一幢大楼的，大楼的挺立一定来自其自身的力量，而不是脚手架的支撑。老师的教可以为学生的学提供资源，有了这些资源，学生可以学得更加轻松，但仍然需要学生自己去学，去理解与领会，去体验与应用。可惜的是，老师的教原本只是帮助学生的学，但时间长了以后，老师的教就恨不得取代学生的学，学生的学也开始形成对老师的教的依赖，最终的结果就是老师的教更容易让学生"听得懂"了，但反而阻碍了学生"学得会"。

学生会背知识了，知识是不是就变成学生自己的了呢？这不一定。很多人背住了单词，但要使用时，单词就变得杳无踪影了。现在的学生很小就被要求背唐诗，背四书五经，可真正能够在日常生活中借唐诗表达自己感情的人有几个呢？能够在日常生活中受四书五经浸润的人又有几个呢？学生能够复述知识，能够按照教材上的例题重做题目，或者能够按照老师在课堂上教的解题方法解答题目，是不是就可以证明学生自己掌握知识了呢？也不一定。你会抄一篇文章，离你会写这样一篇文章的路还很远；你能够模仿别人做一件事情，离你会独立做一件事情的路也还很远。因此，记忆、复述甚至理解，都只是学生学得会的手段，但其本身还不是学习的目的。真正判断学生是否学会的标准，不是看学生是不是能够表达知识，而是看学生是不是能够应用知识；而看学生能否应用知识的标准是唯一的，那就是学生自己是否切身应用过这些知识。

三

只有学生自己应用了知识，才意味着学生从"听得懂"，达到了"学得会"的境地。要让学生学得会，就得让学生有自己学会的机会。不管老师多么努力，都只能保证学生在课堂上听懂而已，如果学生的学习仅止于此，那老师的努力就等同于把球踢到了守门员的面前，虽然离成功只有一步之遥，但势必前功尽弃。的确，老师的教学职责就是尽量帮助学生听得懂，但学生的学习职责必须从"听得懂"走到"学得会"，这就意味着学生必须在学习上独自走一段，而且这一段是学习过程中的最后一段，也是决定学生的前期学习成功与否、老师的前期教学成功与否的至关重要的一段。可是，这一段并不在老师的教学职责范围之内，也不在老师的教学能力范围之内。既然这样，老师是否为学生独自走完这一段预留了时间与机会呢？

学生是否有消化与转化教学内容的机会呢？让老师上课少讲点，为学生消化与转化教学内容多留点时间，当我们为老师提供这样的建议时，得到的几乎一致的答案是，我们对学生不放心，不相信学生能够有效地利用留给他们的时间，在上课的时候他们都不认真，谁还相信他们自习时会变得认真起来呢？可是，如果学生没有消化与转化教学内容的时间，不管他们听课多么认真，也只能保证他们听懂了今天的教学内容，并不能保证他们能够把昨天的教学内容与今天的教学内容融合起来，也不能保证他们能够把今天的教学内容作为明天教学内容的基础。老师要让学生今天听得懂就已经非常困难了，要让他们明天还听得懂往往更难，因为明天的知识比今天更难，而今天的知识并不成为学生掌握明天的知识的阶梯。当老师不得不花更多时间让学生听得懂时，学生用在学得会上的时间也就越来越少，毕竟，在学生学习时间的分配上，老师有着绝对的主导权利。越是这样，老师就越得花更多的时间让学生听得懂。更重要的是，前期学生听懂了的知识，由于没有被转化为学得会的知识，最终也会随着时间的流逝而杳无踪影。

学生是否有消化与转化教学内容的必要呢？如果老师为学生设定的学习任务，仅止于检测学生是否听懂了，那学生就没有消化与转化教学内容的必要。现在老师究竟在用哪些评价手段检测学生学习任务的完成情况呢？看学生是否背住了老师昨天教的内容，的确有学生是在理解教学内容的基础上背诵的，但是不是有更多的学生是在死记硬背呢？看学生是不是能够按照课堂上老师教的方法解相似的题目，当学生依赖老师提供的方法解题目时，他们是否还有自己分析题目和探索解题方法的能力呢？让学生参加综合性的月考或者各种各样的模拟考试，从而判断学生是否具备经历真正考试的能力，可是，我们为学生提供的月考或者模拟考试都是从教学的角度设置的，一个最起码的标准是考试内容都是从教学内容中选择出来的，可真正的考试内容都是从教学内容中选择出来的吗？平时的考试是用来检测教学效果的，而真正的考试是用来检测学习效果的，所以真正的考试内容往往与教学内容不一致，因为真正的考试更关注学生对知识的理解与应用，而平时的考试更关注学生对知识的记忆与复述。

3. 培养对知识本身的兴趣

课堂教学中有一个非常有意思的现象，那就是每位老师都在想方设法地生活化自己的学科知识，希望以此激发学生的学习兴趣，但结果往往是学生在对生活化的学科知识感兴趣之后，对学科知识本身却越来越没有兴趣。关注学生的兴趣是这一轮课程改革的重要内容之一，虽然在三维目标中没有将兴趣作为目标，但对方法与过程的关注，对情感、态度与价值观的关注，都暗含了对学生学习兴趣的重视。可是，我们究竟需要培养学生的什么兴趣呢？是培养学生对知识本身的兴趣，还是培养学生使用知识的兴趣呢？就实际教学情况来看，培养学生对知识本身的兴趣，可以让学生将学习过程的乐趣与学习结果的成就感融为一体，从而使学生在学习这条道路上坚持走下去的可能性更大；培养学生使用知识的兴趣，虽然会让学生对知识获得的结果感兴趣，但却容易让学生对获得知识的过程不感兴趣。

一、别让知识因实用而肤浅

李老师正在给学生上数学课，为了让学生感受到数学的实用性，他在课堂上不遗余力地将生活中使用数学知识的情况罗列出来。比如商场逢年过节打折时，如何有效地利用打折政策节约支出；又如在定期储蓄期利率发生变化时，如何计算是取出来重新储存划算还是保持储存状态不动划算。一堂课下来，学生自然是乐在其中，也感受到了数学在生活中原来是如此有用，但作为听课的人，我总觉得这堂课少了点东西，但一时半会又讲不出究竟少了什么，只好称之为数学课堂的数学味道吧。虽然整堂课老师也在教数学知识，但这堂课真正吸引学生的东西，并不是数学知识，而是如何少花钱多买东西，数学学习在这儿丧失了它的主体地位，沦为了节约用钱的工具。很遗憾的是，我没有机会继续听李老师后续的数学课，所以很替李老师担心——是不是为了激发学生上数学课的兴趣，他每堂课都要收集如此多的将数学知识精妙地用到日常生活中的例子？即使他能够为每堂课都收集到这么多有趣而且有用的例子，到最后，学生在数学课堂上是不是就真的掌握了数学知识，真的对数学知识的学习有了兴趣呢？

在日常生活中，我们对知识的使用是查阅式的，而非探究式的。所谓查阅式，就是指当我们在生活中需要什么知识时，把这个知识拿过来使用就可以了，至于这个知识的来龙去脉，甚至于这个知识本身的可证明性，都不是我们关注的重点，我们关注的只是这个知识是否能够解决或者解释现实问题。而探究式就不是这样了，哪怕知识能够有效地解决或者解释生活中的现实问题，也不能用知识的实用性来证明知识本身的科学性，这个知识究竟是从何而来的，它的效度与信度如何，它的发展趋势如何，这才是探究式使用的关注重点。如果总是以知识在生活中的应用来主导课堂，那我们就仅仅培养了学生查阅式学习的能力，从而让学生越发依赖知识，却不能真正帮助学生理解知识，更别说创造知识了。学生不断查阅式使用知识的过程，培养的只是学生使用知识的兴趣而非学习知识的兴趣。当学生对使用知识越来越有兴趣，但对学习知识越来越没有兴趣时，其自身的知识储备就会越来越少，从而不可避免地导致学生处于只有肤浅知识使用甚至无知识可用的境地。

其实，不管是发现知识还是创造知识，都很少将解决一个直接的生活问题作为目的；对知识本身的兴趣与求知欲，才是引领知识走向新生的捷径。

牛顿看见苹果掉下来并由此发现了万有引力定律，并不是偶然所得，而是他长期思考万有引力现象的结果。当苹果从树上掉下来时，牛顿思考的问题是苹果为什么要掉下来，而绝大多数人考虑的都是，我要不要去把掉下来的苹果捡起来尝尝味道。教材中的知识，一定都有它的独特用处，否则早就被淘汰出局了。但有用的知识并不意味着可以直接用来度量我们的日常生活，除了一些极其简单与肤浅的知识，把学科知识做日常生活化的解释与解读，往往会导致学生对学科知识的肤浅化理解。学生看起来学会了使用学科知识，但并没有真正理解学科知识；一旦要让学生掌握学科知识的后续知识时，他们便束手无策了。这也就是我们的学生在基础教育中成绩优秀，但到了高等教育阶段却节节败退，在考试成绩上遥遥领先，但在知识创新上却甘拜下风的根本原因所在。基础教育尤其如此，列在教材中的学科知识往往是整个学科发展的起步知识，也就是我们讲的基础知识；作为基础知识，它的价值并不在于基础性使用，而在于为后续的知识打下坚实的基础。

二、让学习回归求知欲的满足

学生作为未成年人，他们最大的需求并不是急着用学科知识解决或者解释日常生活中的问题。你教他用数学知识去商场买打折货，教他如何认识银行利率，这些问题对他来说是比较遥远的事情。学生时代是为自己的一生发展打基础的黄金时段，在这段时间里，学生最大的需求是激发并尽其所能地满足自己的求知欲。而求知欲有一个非常明显的特点，就是越满足越容易激发，正是在不断满足与激发求知欲的过程中，学生不断地用知识丰富自己，也才能对知识的获得与创新保持长期的兴趣。年级段越低的学生，由于他们参与社会生活的机会不多，需要他们用学科知识解决的生活问题也不多，所以激发他们的求知欲就更加重要，如果他们在小时候就没有激发出对学科知识的求知欲，长大以后也就很难对知识的学习保持足够的兴趣了。另一方面，由于求知欲是越满足越激发，所以，激发学生小时候的求知欲，往往比他们上了大学或者工作后更重要。

最早的教育都是实用教育，孩子们跟着父母或者爷爷奶奶学怎么种地、怎么打猎、怎么捕鱼，这样的教育虽然富有实用性，学起来也远比知识学习更有趣，但难以提高孩子们征服大自然的能力。随着学校，尤其是义务教育的出现，孩子们在开始学习实用技能之前先去学校掌握足够多的基础知识，然后再接受技能性的职业教育。由此可见，基础教育并不是以掌握实用技能为目标的，而是旨在通过学生对基础知识的学习与理解，来提高他们的思维能力和解决问题的能力。因此，要让这个过程得以延续下去，就不能以这些基础知识的实用性来激励学生，而只能以学生在学习与理解基础知识的过程中对自己求知欲的满足，对自我价值实现的成就感，对自己综合素质的提高来激发他们继续学习的动力。

为什么要教给学生学科知识？学科知识的意义何在？原则上学生掌握学科知识有两种主要功能：一是发挥学科知识的功能价值，也就是使用学科知识来直接解决生活中的问题；二是发挥学科知识的学术价值，通过对学科知识的学习来满足学生和整个人类共同具有的对未知世界的求知欲，并在满足求知欲的过程中提高其思维能力和解决问题的能力，而且还将进一步激发其求知欲。由于写在教材上的学科知识都是非常成熟和基础的知识，它们的功能价值并不大，也并不明显。因此，当教师们力图通过体现学科知识的功能价值来激发学生的学习兴趣时，虽然效果比体现学术价值更为明显，但很难具有可持续性。

在今天的我们看来，写在教材上的学科知识，往往因为过于基础而被视为共识。但我们只有回望这些学科知识的产生过程，才能够感受到学科知识生产者的学术创新力，也才能够感受到这些知识在满足人类求知欲时发挥的巨大功能。因此，教师对学科知识的讲解，一方面是要将学科知识与日常生活结合起来，这样有利于学生理解学科知识；但更重要的是，要将学科知识的形成过程告诉学生，对学科知识的形成满足了当时的人们什么样的生活需求和学术需求进行解释。当学生看到"休"这个字时，我们的任务并不是让学生去认识"休息室"中的"休"字，而是让学生认识到"休"这个字是如何形成的，为什么可以体现出"休息"的意思。对于更高深的学问，比如让学生理解能量守恒与物质守恒的奥妙所在：两者的守恒不但在解题中成为一个规律，更重要的是满足了人们对动能与势能间的转换，对不同表现形式的物质间的转换的理解。

三、用理想引领学习的方向

课堂学习的过程是很难用学科知识的实用性来支撑的，因此必须以满足学生的求知欲来维持；但如果学生的学科学习仅仅为了满足求知欲，又容易陷入自娱自乐的圈子之中。因此，如何协调学生学习过程的趣味性与学习结果的实用性的关系，是教师课堂教学设计所必须考虑的问题。

学习过程是否有趣，在于学科知识能不能很好地满足学生的求知欲；如果教学强度太大、教学进度过快，不但会压抑学生的求知欲，还会让学生对求知过程感到厌烦。要真正地把课堂教学作为满足学生求知欲的过程，不但要顺应学生的学习接受度，还要求教师能够与学生分享学科知识在满足自己求知欲带来的感受与幸福。学生学习的前提是要有求知欲，课堂教学是为了帮助学生满足他们的求知欲。问题在于，课堂教学究竟是以满足学生自己的求知欲为目的，还是以向学生灌输老师认为学生应该掌握的学科知识为目的。如果课堂教学的知识强度和教学进度，超过了学生基于求知欲而形成的学习接受度，这样的课堂就会让学生感到压力。与求知欲越得到满足就越旺盛相反；学习压力越大，学生的求知欲就会越小，最后不但丧失了求知欲，还会对求知过程感到厌烦。

从满足和激发学生求知欲的角度培养学生对知识本身的兴趣，不但会让学生对知识的学习有了内在的动力，更重要的是让学生相信了知识本身的真理性与学术价值。判断知识真与假的标准，并不在于知识是否对自己有用，也不在于知识是否能够解释特定的现象，而在于知识本身的科学标准与学术依据。当我们津津乐道于特定的学科知识时，一定要提醒自己，学科知识并不以对日常生活有用与否作为其科学性的标准。如果把学科知识在特定领域的实用性当作学科知识普遍的实用性，并用其普遍实用性证明其科学性，最终会导致学科知识根基不牢而倒塌，甚至让学生失去了对科学标准与学术依据的信任。

学习结果有用，并不是哪一项特定的学科知识有用。所有学科知识只有汇聚到学生身上，转化为学生的综合素养时，才可能发挥出总的功效。虽然特定的学科知识也可以解决特定的生活问题，但这并不是教育追求的目标，因为它并没有起到育人的作用。今天课堂教学的问题，就在于很少有老师帮助学生追求学科知识的整体功效，反而是将学科知识肢解为若干知识点，从而体现学科知识点的实用性。当学生追求特定学科知识点的实用性时，会很自然地把它们与自己的生活经验结合起来，这有利于掌握特定的学科知识点，但也带来一个很大的问题，就是学生很难把特定的学科知识点与其他学科知识点结合起来，以致丧失了对学科知识结构和学科系统思维的把握，更谈不上对学科知识的整体功能的把握了。

从育人的角度来看，当学科老师只看重学科知识点的实用性时，学生就失去了对学科整体实用价值的追求；同样的道理，当学科老师只强调自己学科的实用性时，学生也就失去了对教育立人价值的追求。今天已经很难听到有学生说长大要当科学家或者艺术家了，听到最多的是争取考上什么大学，至于上了大学后干什么，没有几个学生愿意为此花时间和精力去思考。当学生失去对远大理想的追求时，他们的眼光会聚焦到眼前的学科学习上，但这时候，掌握学科学习既不是为了满足自己的求知欲望，也不是为了给自己的远大理想夯实基础，而只是为了满足当下对考试成绩的渴望和对升学的需求。这就不难解释，为什么今天的学生学得非常辛苦，但既不能保持他们持久的兴趣，也不能成就他们理想的未来。是故，最理想的课堂教学，是学生们在课堂教学过程中因为满足了自己的求知欲而兴趣盎然，在课堂教学结果中因为有利于自己远大理想的实现而充满成就感。

4. 争取让学生热爱你教的学科

　　虽然张同学的数学成绩并不差，但在数学课堂上他始终打不起精神，对教师的提问也不踊跃回答，如果数学教师真的让他起来回答，一般说来他给出的答案都是正确的。本来，数学教师也挺喜欢张同学的，毕竟，他的数学成绩不错；可时间一长，数学教师就感觉不对了，总觉得张同学是不是对自己不满，所以才会在数学课堂上消极抵抗。笔者和张同学经过一番长谈，终于明白张同学为什么会对数学有着如此消极的态度——他对数学这个学科不满。他认为数学过于严谨，过于按部就班，不能发挥人的想象能力，相比之下，他更喜欢历史等学科，尽管他的历史成绩并不好，但他对历史非常有感情。当我把这样的结果告诉他的数学教师时，数学教师很委屈地说，谁说数学没有思想呀？数学也很有意思，他为什么就没有体会出来呢？

一

　　数学真的很有意思吗？说实话，在中小学学过的所有学科中，我对数学的感情最为淡泊，也觉得数学是最没有趣味的。从小学一年级一直学到高中三年级，在如此漫长的 12 年里，虽然天天都要与数学打交道，但一直体会不到学数学的乐趣。之所以还能够坚持下来，是因为数学教师总是强调数学很重要，事实上，在历次考试中，数学的重要性都是不言而喻的。

难道数学就真的没有意思吗？我想不见得。在我遇到的六七位数学老师中，有两三位都醉心于数学，在他们的眼中，数学虽然不敢说是生命的全部，但至少是生命中不可缺少的亮色。正因为有了我这样对数学少有兴趣的学生，这些数学教师才觉得奇怪，为什么会有对数学不感兴趣的学生？也正因为有了他们这样对数学如此投入的教师，我才觉得奇怪，为什么数学教师只会教我们数学知识，却不能把他们对数学的兴趣传染给我们？

没有对数学的兴趣，不管是上课前的预习，还是课堂上的听课，亦或是下课后的练习，数学都只是不得不面对的任务而已。那个时候幻想得最多的，就是有人突然宣布，以后的高考或者中考不再考数学了，当然幻想永远只是幻想，数学不但仍然在高考和中考中出现，而且所占的比重永远是最高的。要不是一直对升学抱有希望，我最想舍弃掉的学科肯定是数学，尽管我的数学成绩也不算差，但数学除了带给我或好或坏的成绩之外，的确没有带给我多少值得高兴的事。与之相应，我倒是一直很喜欢化学，觉得化学虽然变幻无穷，但万变不离其宗；化学变化很多，但元素守恒、能量守恒、化合价守恒，让人觉得它特别完美。事实上，正因为自己喜欢化学，所以在化学学习上投入的时间与精力也最多，在其他同学看来，我在化学上吃的苦肯定比数学要多。人就是这么奇怪，只要你喜欢这个学科，你就愿意为这个学科投入，哪怕是没有回报的投入，你也认为值得；可如果你不喜欢这个学科，哪怕你投入了，也只是迫不得已而已。

到目前为止，数学和化学都已经不再是我的专业，我也逐渐远离了这两个学科。但这两个学科给我留下的影响却是完全不同的：如果这段时间日子过得比较紧张，那晚上做梦一定是梦到明天要参加数学考试了，而自己根本就没有准备好；可一旦想到化学，我就会觉得特别自信，在去中学听课的时候，我也更乐于选择听化学课。讲这么多这两个学科与自己的故事，只是想用自己的切身体会，回答这样一个问题：学科教师究竟是教学生如何掌握这门学科的知识，还是教学生如何感受这门学科的乐趣？既然有了这个问题，也就顺带产生了另外两个问题：学科知识究竟是学生自己学会的，还是教师教会的？与之相应，学科兴趣究竟是学生自己感悟出来的，还是受教师教学影响出来的？

二

对学生来讲，如果热爱上了一个学科，学好这个学科就是一项使命，为了学好这个学科的投入就是一种幸福；如果没有喜欢上这个学科，学好这个学科就只是一种任务，在没有外在监督或者强制的情况下，他是丝毫不愿意为这个学科做更多投入的。对教师来讲，如果你的学生热爱上了你的学科，那你就"麻烦"了，当你课上没有把知识讲清楚时，下课后学生一定会缠着你不让你走，除非你把这个知识给他讲明白了；当你布置的作业太少或者太浅时，学生一定会提出抗议，觉得你怎么能够如此轻视他在这个学科上的发展潜力。可是，如果你的学生没有喜欢上你的学科，你就"轻松"了，他们总是希望你早点下课，对他们来讲，上课并不是为了掌握知识，而是为了上课才上课；虽然你布置的作业也不少，他们也照样能够完成，但是完成的质量却让你放心不下，对与错倒不重要，重要的是他们只按照你讲的方法与思路来解题，丝毫看不到他们自己对这些作业有什么个性化的解读。

只要假以时日，哪怕没有学科教师，学生也是有可能掌握学科知识的；之所以还要为学生配备学科教师，其目的在于通过教师的学科教学，加快学生掌握学科知识的进程。课堂教学最大的问题，就在于教师采取什么方法来加快学生掌握学科知识的进程。如果教师通过帮学生学习学科知识和督促学生练习学科知识来达到加快的目的，学生一定会因为自己只是学科知识的被动接受者而排斥学科知识，一定会因为自己被学科知识奴役而反抗学科知识；如果教师通过展示学科知识的价值和指导学生学习学科知识的方法来达到加快的目的，那学生一定会因为学科知识的价值而喜欢上这个学科，一定会因为掌握学科知识而富有学习成就感。虽然学科教学的目的都是加快学生的学习进程，但教师采用的方法与途径不一样，最后产生的结果也就不一样。对教师而言，在整个教学过程中的付出与收益之间的比例也完全不一样：一个让教师事倍功半，一个让教师事半功倍。

学科教师究竟应该向学生强调自己学科的重要性，还是应该向学生强调自己学科的趣味性？我相信这是一个值得学科教师深思熟虑的问题。当学科教师不断地向学生强调学科的重要性时，虽然学生的确会因为学科的重要性而更加重视这个学科的学习，但也会带来另外一个结果，那就是让学生在学习这个学科时承受更大的压力。学生在掌握学科知识之前，对学科知识的重要性并没有切身的体验，当教师一味地强调这个学科的知识多么重要时，真正给学生带来的是外在的学习压力，而不是内在的学习动力。学科教师在向学生强调学科的趣味性时，可能会觉得有失学科的规范性与严肃性，但当学科的趣味性能够引发学生对这个学科的学习兴趣时，学生就会主动投入这个学科的学习。随着学生掌握学科知识的数量越来越多，程度越来越深，规范性与严肃性将不再是教师的教学要求，而是学生对"自己的学科"的内在要求。到了这儿，还是要回到这篇文章的标题上来争取让学生热爱自己所教的学科。

三

热爱你自己教的学科，是让你的学生热爱你所教学科的前提。热爱是一种情感，情感的来去都是无影无踪的，但不是毫无缘由的。让一个人去爱别人都不喜欢的东西，这个人一定要有足够的勇气，在这种情况下，哪怕他非常爱这个东西，他也不得不表现出并不喜欢的样子。同样的道理，当大家都喜欢一样东西时，要讨厌这样东西的人也是需要勇气的，在这种情况下，哪怕他真的讨厌这样东西，也不得不表现出喜欢的样子。当教师与学生共同面对学科时，如果教师自己特别喜欢这个学科，那站在教师边上的学生就不由自主地要表达出对这个学科的喜欢。哪怕学生自己心里并不是特别喜欢，可当他在教师面前多次表达对这个学科的喜欢时，他就会在心里慢慢喜欢上这个学科，否则将不得不承担言行不一致带来的伤痛。如果教这个学科的教师自己都不喜欢这个学科，那就很难保证学生还会喜欢这个学科了，毕竟学生并不是只学一个学科，在其他学科教师的吸引之下，他很容易放弃这个学科而投奔其他教师的学科。很多教师可能会想，我在课堂教学中也表达出了自己对所教学科的喜欢呀，可为什么还是有那么多的学生不喜欢这个学科呢？这里有两个问题：一是学生判断你是否真的喜欢你所教的学科，并不是通过你的语言，而是通过你在学科教学中的实际表现，尤其是你对学科教学的投入程度，更重要的是你投入的感情与激情；二是你对所教学科的喜欢，只是让学生喜欢你所教学科的前提而已，还有很多工作需要你坚持下去。

展示你所教学科的趣味性，是让你的学生热爱你所教学科的敲门砖。对于一个初学者，或者对于一个你所教学科的业余爱好者，不要急于展示这个学科的强大实力，因为这会吓坏他们，他们会觉得这么重要且高深的学科，并不是自己的学习能力能够学会的，从而更早地放弃对这个学科的学习。作为这个学科的初学者或者业余爱好者，他暂时还不愿意对学好这个学科承担责任，吸引他走上学科学习这条路的，往往是这个学科好玩的地方，包括学科知识可以应用到哪些领域，更重要的是学科知识内部有什么好玩的。可能学科教师会生气，哪个学科是建立起来好玩的呀？但事实上，初学者和业余爱好者学习这个学科的初始动机，就是来玩的；我也知道这种学习动机不纯，但如果不认同这一点，那你就再也没有教育他们的机会了。

让学生在你所教的学科上获得成就感，是让他们热爱你所教学科的吸铁石。要粗粗地玩一个东西，那是比较容易的，但如果要把一个东西玩得有水平，就相当不容易了。要让学生热爱上你所教的学科，则需要学生在你所教的学科上获得成就感。这儿的成就感可能和他的学科成绩有关系，但这个关系并没有我们想象中的那么重要。我理解的成就感，还包括你作为学生心目中的学科专家对他的肯定与认可，在这儿要提醒的是，不要用优等生的水平去要求每一个学生，更不要用学科专业的水平去要求每一个学生，重要的是要让学生在学科学习上有成就感。只是外在的评价也是不够的，还需要学生能够真正地感受到或者体验到这个学科带来的成就感，这不是教师通过学科教学所能实现的，它需要的不是教师如何赠予学生学科的内在成就感，而是教师如何提供机会并营造氛围，让学生去发现和探索学科知识的内在规律。学生只有在发现和探索学科知识的过程中，才可能感受到或者体验到学科学习给自己带来的内在成就感。

5. 把知识教出成绩来

你若问学生是否喜欢读书，很多学生都会说不喜欢。我说，不会吧，读书是多幸福的事情呀，可以让自己长见识，知道以前不知道的，明白以前不明白的，怎么会不喜欢呢？学生说，读书哪有这么幸福呀？要是只是读书，我们也不会这么讨厌，可现在读书的目的既不是为了长见识，也不是为了明白道理，都是为了出成绩，在成绩的压力下，谁还愿意读书呢？想想也挺有道理，哪怕你很喜欢去游乐场玩，但让你每次去游乐场，都得把玩的心情记下来，而且还得在理念或者价值观上有所拔高，如此一来，我想，以后你也不愿意去游乐场玩了吧。由此可见，要让学生喜欢上读书，只是考虑如何教书肯定是不够的，还得想办法帮助学生在读书之后，还能够把读书掌握的知识转化为考试成绩。也就是说，如果考试成绩不再是学生读书的心理压力，而能够成为学生读书的心理动力，学生就不但能够感受到读书会长见识，而且还能够感受到读书带来的成就感。

一、"不会读书"还是"不会考试"

小明是一位非常听话的学生，除了读书，他几乎没有别的爱好，而且他在读书时还勤于思考。像这样的学生，现在已经很少见了。但很不幸的是，小明的考试成绩一直不理想，这让他的家长特别困惑，当然也让小明自己很困惑：为什么自己这么认真地读书，但就是考不出好成绩来呢？而且更让他郁闷的是，他的好朋友小华似乎比他幸运多了，小华看书不多，而且远比他贪玩，大家也公认小明比小华要有知识、有思想，但小华的考试成绩就是比小明好。当小明向老师求助时，老师经常对小明讲的话，就是小明不会读书；当问为什么小华比小明考得好时，老师也是一句话，小华比小明会读书。

小明真的不会读书吗？当你和小明接触之后，就会发现小明还真是一位非常喜欢读书，而且非常善于读书的学生。他不但读过很多书，而且还经常把书中的观点应用到生活之中，所以在同学中他有"小诸葛"之称。小明既然喜欢读书，而且还如此善于读书，为什么在考试中就考不好呢？我们不妨反过来问一个问题，是不是把书读好了的同学，就一定能够在考试中取得好成绩呢？那得看判断是否把书读好了的标准，和判断在考试中是否取得好成绩的标准，是否保持一致：如果两者保持高度一致，那么把书读好了和取得了好成绩就是一回事。也就是说，把书读好了就意味着肯定能在考试中取得好成绩，在考试中取得了好成绩就意味着肯定把书读好了。很遗憾的是，从小明和小华的情况看来，这两个标准并不一致。尤其在小明身上，似乎小明在考试中总是考不好，不是小明不聪明，也不是小明不认真，更不是小明不会读书。

仔细分析小明考不好的原因，并不是他不会读书，也不是他没有把书读好，而是他把书读得太好了。为什么把书读得太好反而考不好呢？一是小明既然有读书的爱好，就难免把所有的知识都读得非常认真，这就导致他无法在较短的时间内掌握更大范围内的知识，而考试有一个最起码的标准，那就是必须保证试卷能够较大比率地覆盖学科知识，因此小明虽然可能对试卷中的若干题目有非常深刻的理解，但也很可能对其他题目见所未见；二是由于小明把有的知识读得太好，理解得过于深刻，迁移得过于宽泛，在当前的考试要求答案规范性与统一性的情况下，小明对这些题目的回答可能反而得不到高分。反过来，为什么小华读书"不求甚解"，反而能够得到比小明更好的成绩呢？我想道理也是如此：正因为小华读书不求甚解，所以他能够在较短的时间内把所有的学科知识都学习到，尽管学习得并不到位；另外，也正因为小华读书不求甚解，所以他正好能够按照规范性与统一性的标准来答题。

由此可见，把书读好和在考试中取得好成绩之间并没有必然的因果关系。在惯常的思维中，那些把书读好的同学就能够取得好成绩，所以教师的职责就是教学生如何把书读好。可事实上，教师教学生把书读好，的确有利于学生在考试中取得好成绩；但仅止于此还不够，教师还应该帮助学生在考试中取得好成绩。

二、从"不求甚解"到"只求甚解"

在传统的观点中，读书总是越多越好，理解得越深刻越好。那些为了读书而读书的人更容易得到他人的认可，因为他们读书并没有外在的目的，所以显得格外尊重知识与真理。而那些把读书当手段的人就没有这么好的待遇了，人们总觉得他们并不像读书人，而更像书贩子，因为他们并不以掌握知识为目的，而是以利用知识为目的。正是由于这样的观点普遍存在，大家才情愿当书呆子，也不当书贩子。下面我们来看，课堂教学中的学习应该是什么样的状态呢？学生应该把知识的学习当目的还是手段呢？如果学生把知识的学习当目的，那这样的学习肯定是幸福的，因为不必对外在的要求负责任，只需要对自己的学习感受负责就可以了。自己觉得读得比较开心时，那就多读一点；自己读得比较辛苦时，那就少读一点。之所以现在的学生不愿意读书，就是因为在课堂教学中的学习，并不是把知识的学习当作最终的目的，而是当作获得成绩的手段。

如果读书只是根据自己的兴趣来展开，根据自己的能力来选择，这样的读书肯定更容易吸引学生，也会让学生在读书中更有乐趣，难怪古人以"好读书不求甚解"为荣了。如果只是为自己的兴趣而读，或者只是为自己的求知欲而读，这样的读书可以提高自己的素养，但却难以判断这样的素养是否是社会需要的。判断所学知识或者所形成的素养是否真的是社会需要的，最简单的标准就是社会为学生提供的考试，而且考试越正式、越规范，其所具有的判断力就越大。古有科举考试，以此判断学子们掌握的知识和形成的素养是否是皇帝和国家所需要的；今有高考，以此判断学生们掌握的知识和形成的素养是否是高校、国家和社会所需要的。这就要求今天的学生读书时，要在不求甚解的基础上，逐步养成只求甚解的学习风格。

当我们说学生读书是"只求甚解"时，估计很多教师和学生都会说，这不就是当下大家最痛恨的应试教育吗？但我想，这两者之间还是有区别的，应试教育之所以不利于学生的发展，有两个非常重要的原因：一是应试教育虽然拼命地想要成绩，但结果是成绩也没有要到，还把学生的学习兴趣扼杀了，把提高学生学习能力的机会错失了；二是应试教育虽然会让学生得到一些成绩，但这些成绩并不是让学生通过对知识的"求解"来获得的。让学生在课堂教学中对知识"只求甚解"，其前提是对知识要"求解"，如果你根本不了解知识，那自然谈不上为什么要"求解"了。此处之所以强调一定要"只求甚解"，是指学生在课堂教学中的学习和在生活中的随意学习不一样，随意学习并没有具体的目的，也没有时间的限制，只要是自己感兴趣的、对自己有利的知识，都是可以学习的；但课堂教学中的学习是有限制的学习。

这里的限制，首先限制的是学习内容，不管你有兴趣还是没有兴趣，你要学的就是这些知识，如果你没有兴趣来学这些内容，那只是对你自己的伤害，丝毫不影响其他同学学习这些内容的兴趣与兴致，结果只能让你自己在学习上与其他同学的差异更大。其次限制的是学习目的，不管你是为了丰富知识和提高能力而学，还是为了在考试中取得好成绩而学，判断课堂教学效果和学生学习效果的，都只是在考试中取得好成绩。不管你多么讨厌考试，也不管你认为考试是学习的动力还是压力，你都迈不过考试这一关，反倒是那些主动接受考试，并把考试当作学习动力的同学，能在考试中感受到成就感，并将这些成就感转化为自我效能感。

于是，当你在讨厌或者抱怨考试时，那些把考试压力转化为动力和成就感的同学，就更容易在考试中战胜你。最后限制的是学习内容的呈现形式，不管你喜欢做题目还是不喜欢做题目，不管你喜欢做这一类题型还是不喜欢做这一类题型，你学到的知识都必须通过试卷题目的形式表达出来。你可能认为用这种呆板的形式无法把自己的知识表达出来，甚至认为这种呆板的形式本身就是对知识的反动，但没有办法，你必须通过这种形式来证明自己是否掌握了知识。你可能会说我喜欢论述题不喜欢简答题，或者说我喜欢选择题不喜欢填空题，但这不是你可以选择的，如果要在考试中取得好成绩，你就不但要喜欢不同的题型，更要喜欢所有的题型。要是你有所喜欢，有所不喜欢，那些你不喜欢的题型并不会因为你的不喜欢而消失，反而会通过让你在这些题型上丢分来制裁你。因此，如果要从知识中获得成绩，就意味着并不是把书读得越多越好、越深刻越好，而是把书读得和考试的要求越一致越好，只有突破了课堂学习中的诸种限制，才可能真正感受到学习的乐趣和成就感。

<h2 style="text-align:center">三、把知识读出成绩的方法</h2>

要取得好成绩，第一个准则就是要把读书的范围限制在考试的范围内，既不能读得太多，也不能读得太少。为什么要为学生设置课程，并根据课程编写教材，就是因为现在的知识实在太多，以学生自己的精力和能力，是不可能正确地选择出那些重要的知识的；于是，就以课程和教材的形式为学生呈现学习内容，并以考试的形式来检测学生的学习程度，从而对学生的学习范围有所限制。如果学生读书的内容超出考试范围太多，难免因为学习不够聚焦，或者因为把有限的时间花在了不考的知识上，使得考试成绩不够理想。如果学生读书的内容还达不到考试范围，那肯定不可能在考试中取得好成绩。在考试中，如果你把一道题目用三种方法做出来了，也只能把这一道题目的分数给你；如果你把三道题目都

只用一种方法做出来了，三道题目的分数没有谁敢扣你一分。

　　要取得好成绩，第二个准则就是要把读书的深刻程度与考试试卷要求的难易程度保持一致。也就是说，对于试卷要求不难的知识，一定不要自己理解得过于深刻；对于试卷要求难的知识，一定不要理解得过于肤浅。你把本来要求不高的知识讲得过于深刻，或者学生把本来要求不高的知识理解得过于深刻，不但得出来的答案可能和试卷的标准答案不一致，还可能让学生在这些要求不高的知识上花费太多时间，以致影响对要求高的知识的学习。对于那些试卷要求高的知识，自然应该理解得深刻，否则要么答起题来文不对题，要么根本就不会做这些题目。对于这些试卷要求高的知识，究竟应该理解到什么程度才叫深刻呢？对于每一份试卷来说，真正拉开成绩差距的，不是那些要求不高的知识点，而是在那些要求很高的知识点上。这就要求教师教学和学生学习时，一是要尽可能为要求很高的知识点留足时间，二是要尽可能把这些知识点理解透，当然，理解透既不是太个性化的理解，也不是太怪异化的理解。

　　要取得好成绩，第三个准则就是要把知识的储存形式和考试试卷的题型模式保持一致。也就是说，对于通过再认就可以解决的选择题，就不要花时间死记硬背；对于通过死记硬背部分内容就可以解决的填空题，就不要花时间通篇背诵；对于通过死记硬背关键词就可以解决的简答题，就不要花时间全部背住；对于通过理解和应用就可以解决的论述题，就不要花太多的时间阅读而非思考。如果学生把所有的知识都储存成选择题，就不可能在其他题型上取得好成绩；但如果学生把所有知识都按照论述题来应对，估计学生要把试卷做完就非常不容易了。以简答题为例，试卷的要求是只要把相应的关键知识点答出来就可以了，如果学生不但要记住所有的知识，还要在答题时论述自己的观点，这就难免既得不了高分，又浪费了宝贵的答题时间。

第四辑　课堂管理的方法

1. "课堂管理" 管什么

在一堂语文课上, 王武同学用纸团砸了后排的李方同学, 上课的张老师生气地让王武站起来, 狠狠地将他批评了一顿, 然后, 让他坐下去接着听课。可让张老师尴尬的事发生了, 王武不愿意坐下去, 而是一声不吭地站着不动。面对这种情况, 张老师无计可施, 陷入了被动。请问, 如果你是张老师, 你会怎么处理这件事情呢?

有的老师认为, 这时候只能强迫王武坐下去, 否则, 不但张老师下不了台, 而且课也没有办法继续上下去。哪怕王武觉得委屈, 为了维持班级的课堂秩序, 为了别的同学能够顺利地听完课, 他也必须坐下去。可是, 如果王武就是不肯坐下去, 张老师又该怎么办呢?

有的老师认为, 这个时候张老师可以把课停下来, 让王武把自己的委屈讲出来。他们相信, 只有张老师把王武和李方之间的纠纷处理好了, 王武不觉得委屈, 自觉地坐下去, 才能让这堂课继续上下去。可是, 如果张老师把课停下来处理他们之间的纠纷, 这需要多长时间呢? 这也会浪费其他同学的时间。

有的老师认为, 张老师不应该理睬王武, 只管继续上课, 等王武站累了, 他自然就会坐下去了。采用这种 "自然后果法", 既可以避免这场纠纷扰乱课堂秩序, 也可以避免和王武之间的矛盾, 等下课后张老师自然会有足够的时间去处理课上的冲突。

一、课堂管理的目的是什么

课堂管理有两个核心目的：一是避免或者消除影响班级有序学习的事件发生，我们将它简称为维持课堂秩序；二是通过合作学习凝聚班级合力，在整体上提高学习效率，我们将它简称为促进课堂合作。前者旨在保证课堂教学有序进行，后者力求动用集体的力量提高课堂效率。从课堂管理对课堂学习产生的实际效果来看，可以把前者称之为消极课堂管理，把后者称之为积极课堂管理。传统上，习惯于把课堂管理简单地视为维持课堂秩序，而促进课堂合作这个积极的课堂管理目的，却被大家忽视了。

教师在课堂中的任何管理行为，都必须服务于课堂管理目的。可是，教师一旦在课堂中实施了管理行为，往往会陷入管理的具体行为之中，反而照顾不到甚至会背离课堂管理目的。在教育实践中，教师往往通过制止或者批评学生的违纪行为来维持课堂秩序，可最终不但维持不好课堂秩序，反而扩大了学生违纪行为对课堂的破坏面。教师不再是课堂的主导者，反而成了学生违纪行为的始作俑者，导致的后果是其他学生不再有课可听。据此，我们从课堂管理目的出发，来重新审视张老师和王武之间的课堂冲突。

为了避免王武与李方之间的冲突影响到别的同学听课，张老师及时制止王武的违纪行为是正确的。但他要清楚这样一个事实——他制止王武的违纪行为，并不是因为王武在与李方的冲突中有错，而是因为他们之间的冲突影响到了其他同学听课。而且，他要制止的，也不应该是王武一个人的行为，而应该是王武与李方两个人的行为。常言道，一个巴掌拍不响。张老师只看到了王武的违纪行为，但并不清楚这个违纪行为产生的原因，如果只是制止王武的违纪行为，就会让王武觉得委屈与不公平。所以，在课堂上，张老师没有必要也不应该去评判王武与李方之间的冲突。

张老师只把王武叫起来给予严厉的批评，不但没有起到维持课堂秩序的作用，反倒"挪用"了课堂教学时间，中断了课堂教学进程，还使自己陷入了冲突之中。本来王武的冲突对象是李方，可由于张老师对他的批评而变成了张老师。于是全班同学的注意力，就从张老师的课堂行为上，转到他和王武之间的冲突上了。

其实，任何时候教师对学生的管理行为，都要回到实施管理行为的目的上来，千万不要让自己陷入管理行为的是非之中，如果已经陷入其中，就必须从课堂管理的目的出发，尽快脱身出来。当王武不愿意坐下时，张老师没有必要去追问王武为什么不坐下，而要从是否有利于课堂教学进程顺利开展，是否有利于其他同学继续听课的角度，来看待王武的行为。此时决定王武是否坐下的，就不再是张老师，而是坐在王武后面的同学以及因为王武的站立而受到影响的其他同学了。这时，张老师可以这样对王武说："不管你和李方同学谁对谁错，也不管我的处理方式是否正确，都可以课后去分析与处理。现在，为了教学能有序地开展，为了其他同学能有效地听课，请你坐下来。"如果王武仍然站着，那么张老师就可以说："如果你不觉得站着会影响其他同学听课，或者其他同学认为你站着对他们听课没有影响，你可以继续站着。"此时，王武恐怕就不会再坚持站着了。

二、为何需要课堂管理

相信每一位走进学校的学生，都希望自己做一个好学生，可随着时间的流逝，好学生越来越少，差学生却越来越多。好学生不仅成绩好，而且听老师的话，同学关系也不错；可差学生就千奇百怪了，有的只是成绩差一点，有的不善于和他人交流，有的不但自己调皮，还带领别的同学一起调皮。可是，不管是好学生，还是差学生，只要他们走进了教室，课堂就得向他们开放，如果要防止差学生在课堂中调皮，就应该想办法把他们组织起来，营造良好的学习氛围，从整体上提高课堂教学效率。问题在于，从想做一个好学生，到真正成为一个好学生，期间要经过多少挫折，又有多少人想做一个好学生而最终却成了一个差学生。只有明白了这一点，我们才知道为什么需要课堂管理。

要维持并进一步激发学生的学习动机。没有一个学生希望自己成为差生，也没有一个学生希望自己成为调皮的学生。可是在入学初期，他们若没有获得一定的认可，其学习动机就会逐渐消退。学生很少用自己前后成绩的对比来证明自己的成功，而经常用自己和他人的成绩对比来证明自己的失败，这也是导致其学习动机逐渐消退的重要原因。要让学生在课堂中有良好的表现，就必须维持并进一步端正他们的学习动机，使他们保持对课堂学习的兴趣，让他们有成就感。

要帮助学生掌握并学会使用学习方法。学生在学习上败下阵来，不外乎两个原因：一是不想学习，对学习高挂免战牌；二是没有找到正确的学习方法。不过，不想学习的学生毕竟是少数，绝大多数学生都是因为不知道该怎么学习。要让学生感受到学习的乐趣，不仅需要维持与激发他们的学习动机，更需要帮助他们掌握正确的学习方法，并在课堂上与课后的学习中正确地使用学习方法。而在日常教学中，教师往往简单地把学生学业的失败归因于缺乏学习动机，从而掩盖了大多数学生不知道怎么学习这一事实。

要调动学生集体的力量提高学习效率。学习并不是学生一个人的事。整个学校的积极学风、令人上进的课堂氛围，对学生提高学习成绩都有积极的影响。因此，教师要调动班集体力量，形成良好的班级学习氛围，促使学生互帮互助，取长补短，最终提高每位学生的学习效率。

要通过纪律教育形成课堂学习秩序。一个教室里，有喜欢读书而且会读书的学生，也有不喜欢读书或者不会读书的学生，为了确保课堂教学能够有序开展下去，课堂上就必须有一定的纪律与规范。喜欢读书而且会读书的学生，由于专注于学习，所以违纪的可能性小。但那些不喜欢读书和不会读书的学生，由于精力无处释放，违反课堂纪律的可能性就大。因此，要通过纪律教育让这部分"富有余力"的学生意识到群体规范的必要性，从而有效地抑止他们的违纪行为。这是课堂教学有序开展的基本保障。

要通过学习诊断减少学生的违纪行为。每一位学生都充满了生命活力，他们的活力一定会在课堂中释放出来，要么通过勤奋学习正常释放，要么通过违反纪律非正常释放。因此，当我们发现学生违纪时，一方面要想办法制止他的违纪行为，另一方面要想办法引导他把精力放到学习上去。制止违纪行为只是消除了学生生命活力异动的表象，只有将学生的生命活力引导到学习上来，才可能根除学生生命活力的异动，而这需要教师对学生的学习困难进行诊断与治疗。这远比制止学生的违纪行为更为复杂，也更需要教师的教育智慧。

要避免与诊治学生群体的失范行为。课堂管理最成功的境界，就是发掘学生群体的力量来提高每位学生的学习效率；课堂管理最失败的境界，就是对学生群体的失范行为无能为力。如果只有一两个学生违反纪律，课堂教学或许还能够正常地开展下去；如果有很多学生都违反纪律，甚至所有学生都抵制课堂教学，那课堂教学就无法再进行下去。虽然课堂上出现学生群体失范行为的概率比较低，但对它的预防与诊治却是不容松懈的。课堂中对学生群体的管理，不但可以预防学生群体的失范行为，而且可以引导与建构积极的课堂学习氛围。

三、怎样进行课堂管理

在大家的印象中，课堂管理总是离不开教师的命令，有时候还夹杂着教师的训斥。但是，往往教师的命令越强硬，训斥越尖锐，离课堂管理的目的就越远。最让教师感到委屈的是，自己都是为了学生好，但他们却丝毫不接受自己的课堂管理方式。这非常值得教师反省自己课堂方式的适当性和有效性。

第一，服务于学生群体，而非管制学生个体。在一次数学课上，当老师在努力地讲解例题时，一位学生偷偷地看起了小说。老师发现后气急败坏地批评他，可他却平静地说："你讲的我都懂了，为什么我不能把这时间用来看小说呢？再说我看小说也没有影响其他同学听课呀。"老师只好回应道："你看小说影响了我上课，自然也就影响了其他同学听课。"这位学生慢条斯理地回答道："那是你主动受我的影响，又不是我主动要去影响你。"教师无言以对，于是这堂课就因为师生间的你争我辩而被搞得火药味十足。最后是老师上课无心，这位学生听课有气，其他同学噤若寒蝉、提心吊胆地听完了这堂课。

在日常的教育生活中，一想到课堂管理，很多教师都会想到如何制服那些调皮的学生。尽管大家都在想办法，可调皮的学生似乎越来越多了。这就证明教师在课堂管理时不应该将过多的精力用来管制学生个体。当教师将管理的重心从班级群体转向学生个体时，他自己就会成为学生个体的冲突对象，课堂上就会充斥着学生个体与教师间的是非之争，而其他同学则成为冲突的观众。在这样的课堂中，不管是陷入冲突之中的学生个体与教师，还是作为观众的其他同学。所以，课堂管理一定要以维持学生群体的学习秩序，提高学生群体的学习效率为目的，不管是批评还是表扬学生个体，教师都要以是否有利于营造良好的学生群体的学习氛围为标准。

第二，寻找学生调皮的原因，而非责备其态度。学生没有做或者没有做完家庭作业，相信这是让大多数老师都感到不开心的事情。为什么呢？因为在老师看来，学生没有做或者没有做完家庭作业，要么是学习态度不好，要么就是对老师有意见，而这两者都是老师无法容忍的。尤其是老师发现学生把某些学科的作业做完了，而自己所教学科的作业却没有做或者没有做完时，就更生气了，为什么你可以把别的老师布置的作业做完，却不做或者没有做完我这一学科的作业呢？这难道不是对我的权威的挑战吗？其实，如果老师能静下心来分析学生这样做的原因，而不是过度地计较学生的态度，或许就不会这么不开心了。

一般来说，学生没有做或者没有做完家庭作业，有不想做、不会做、不能做三种情况。不想做是态度问题，但是不想做作业的学生是极少数的。不会做是能力问题，既然不会做，那结果肯定是没有做，如果做了也是抄袭的，没做总比抄袭要好。不能做是条件问题，就是不具备做或者做完家庭作业的条件，比如作业太多，实在做不完，这时学生就只能有选择地去做。如果教师把不会做与不能做都归因于学生不想做，那就既委屈了学生，也伤害了自己。所以，不管是为了保护学生，还是为了让自己心情愉悦，寻找学生调皮的原因都远比责备其态度不好更有意义。

第三，让学生明白要做什么，而非禁止学生做什么。开学之初，教师一般会对学生提出课堂要求，绝大多数都是禁止学生在课堂上做什么，而很少告诉学生究竟应该怎么做。最常见的是不准学生在课堂上讲话，然而有时在课堂上，学生需要与教师或其他同学进行一定的交流，而教师却没有教导学生如何去交流，此时，学生就只能违反纪律了。其实，几乎没有学生会故意违反课堂纪律。问题在于，他们要么没有掌握正确的学习方法，要么不知道如何表达自己的课堂需求。我们禁止了学生做某事，不代表学生就不会做这件事了，重要的是，我们要让学生明白在课堂上要做什么，以及如何去做。

2. 尊重学生的起点

没有人相信天上会掉馅饼，相信有免费午餐的人也不会太多，但相信学生会创造学习奇迹的家长和老师却不少，尽管学生自己并不这样认为。教育最吸引人的地方，并不是能够给学生的学习带来多大的帮助，而是能为学生的未来勾勒美丽的蓝图，这可能也是教育不能赢得学生尊重的根本原因。"拔苗助长"的故事人人皆知，但拔苗助长的道理却很少被大家接受，要让苗长得更壮更高，就得把这棵苗的根培育得更深更粗；同样的道理，要让学生的成绩更加喜人，要让学生的未来更加骄人，就得更脚踏实地地认可与接受学生的起点。可是，不管是在教育理念上，还是在教育理想上，教师们都希望自己的学生能够创造出"连升三级"的故事，哪怕这样的故事是如此的可笑和脱离现实。曾经有一个家长问，他的小孩为什么在学校总是调皮捣蛋，对学习一点兴趣都没有。我反问："你小时候是不是也是这样？"他承认。我就开玩笑说："这就对了，这才能够证明他是你的儿子；如果像你这样的父亲生出一个天天坐在教室里上课看书的儿子来，虽然解决了他的学习问题，但却为你创造出了一个大问题了。"虽然这只是一个玩笑，但也说明了一个道理，那就是不管对孩子还是对学生，你都应该尊重他的起点。当然，尊重起点，并不是抛弃教育理想，而是为了让教育过程变得更加务本，让教育方法变得更加务实。

一、只有英才能够造就好老师？

在 10 年前，如果你问学校最缺什么，得到的答案一定是"钱"。不要说完善学校的办学条件，更别说提高教师的职业待遇，就连最起码的教学消耗品，在学校中都是稀缺品。现代化的黑板最多就是那些顶好学校的摆设而已，我们还难以想象他们会"飞入寻常百姓家"，即使在那些顶好的学校，也不是每一位老师都可以摸得到的。而如今，你再问学校最缺什么，肯定也还会有人说缺钱，但更多的会说，缺好的生源。对生源的抱怨不但是校长们经常挂到嘴上的，更是一线老师不得不面对的事实。"得天下英才而教育之，这是老师一生难得的幸事"，哪一位老师不希望如此呢？

对今天的老师来说，要想找到几个英才来教，其概率比孔孟时代不知道低了多少。那个时候是英才才读书，现在是人人都读书；那个时候缺少的不是英才，而是教师识别英才的眼光；现在哪怕你有识别英才的眼光，如果你在一所薄弱高中任教，恐怕你望穿秋水也难见英才。在这样一个教育普及化与大众化的时代，老师们对英才的渴望相信也没有那么强烈了，只是希望不要碰到那些一看到文字就想睡觉的学生，不要碰到那些一听到上课铃就头痛的学生，不要碰到那些你讲了三遍他还浑然不知的学生，这已经算是万幸了。这里不是在为老师说话，而是陈述一个事实，老师碰到一届什么样的学生，在这几年里就过上了什么样的生活。

当老师最大的成就究竟是什么？是需要我们认真思考这个问题的时候了。自孔孟以来，老师最大的成就莫过于培养出优秀的人才，相信这也是今天大多数老师持有的教育信念。可是，究竟是优秀的人才最需要教育，还是一般的人更需要教育呢？毫无疑问，对于那些优秀的人来说，他们的成功有来自于教育的帮助，但教育的帮助所占的比例一定很小，否则他就不是优秀的人了；可对于那些智力一般的人来说，他们可能很难在考试竞争或者社会竞争中取得成功，相对于优秀的人才，他们的成功很大程度上来自于教育的帮助。作为老师，究竟是把教育朝优秀人才身上贴呢，还是把教育送给最需要的一般的学生呢？名师出高徒，这句原本用来表扬教师的话，在今天却被颠倒过来——高徒出名师，用来证明老师的成功了。可事实是，名师不一定能够出高徒，高徒也不一定是名师造就的。由此可见，名师的核心功能是把徒弟教好，而不是去选择好的徒弟来教。

二、优秀老师是如何炼成的

在教育界有一个非常有意思的现象，那就是从那些名校里虽然走出了不少优秀的学生，但却没有走出与优秀学生数量相近比例的优秀老师。由于优秀在这儿只是一个形容词，所以还要补充得全面一点：优秀的学生自然是以成绩好为主，但也不仅限于成绩；而优秀的老师并不是以收入的高低为评价标准，而是以教育教学水平的高低为评价标准，当然限于笔者的偏好，哪怕在教育教学中，也是偏重于教育。至于为什么要把优秀的老师限制在教育教学上，尤其是限制在教育上，这与教育的功能有关。从学生的成长来看，知识肯定是重要的，但掌握知识的方法更重要，方法比知识本身更接近教育；学科成绩肯定是重要的，但学科总成绩更重要，学科总成绩比学科成绩更接近教育；学习成绩肯定是重要的，但全面发展更重要，毕竟学生并不仅仅是一个读书的人，还是一个有着日常生活的人，全面发展比学习成绩更接近教育。如《论语》所云："法乎其上，得乎其中；法乎其中，得乎其下。"教师要让学生的学科成绩优异，就一定要关注到学生学科总成绩的进展情况；教师要让学生学习成绩优异，就一定要关注到如何促进学生全面发展。正是基于这样的原因，我们更乐于将教师的教育能力定格为高于教学能力，把教学能力定格为高于职业待遇。

教好学生和教差学生都不是一件容易的事，但两者不容易的地方却不一样。如果你在一所优质学校当教师，碰到好学生的概率相对高一些，这时的你就有体会了，那些好学生对你的挑战会让你每天不得不花更多的时间去备课，哪怕如此也不一定能够在第二天的课堂上挥洒自如，因为学生们所拥有的知识不管是在面的广度上还是在质的深度上，都有可能超越你已有的知识储备。所以，虽然好学生并不会在课堂秩序或者生活品性上挑战教师，但其对教师学科知识的挑战却不容忽视。与之相反，当你在薄弱学校工作时间长了，就会发现教书并不是智力活，而是地地道道的体力活，因为面对那些差学生，你的知识储备绰绰有余，最大的问题不是学科知识的挑战，而是如何让学生树立良好的生活品性和科学的学习习性，这对教师的教育能力的挑战就远比好学生要大得多。因此，只有找准了学生的起点，教师才可能从容应对。

在那些薄弱学校，教师对生源越来越差的抱怨不绝于耳，但当你问他们针对这些差生在教育教学工作中采取了哪些行动时，他们又说限于课程标准、教学计划和各种各样的考试规定，要采取针对这些差生的教育教学行为基本上是不可能的，于是教育教学工作就演变成了"抱怨起点"和"幻想终点"的结合。当教师不是尊重差生的起点，而是忽略差生的起点时，他们往往由于传授学生不能理解的知识，谩骂那些学习差的学生而得不到学生的尊重，以致师生关系不是形成"亲其师而信其道"的良性循环，而是陷入"恶其师而疑其知"的恶性循环之中。了解差生，走近差生，理解差生，这本身就是一件非常专业的事情。为了获得别人对自己的尊重，人都有对他人报喜不报忧的习性，所以，当一个学生变成差生之后，他的心理对教师和家长都会更加封闭，教师和家长要了解他自然就更加困难。

三、尊重起点的教育才有效

尽管我们现在在呼吁将义务教育向学前教育延伸，但无论怎么延伸，都不可能将义务教育延伸到婴儿期教育。这样的事实意味着学校教师，哪怕是幼儿园教师，都不可能从学生的起点开始对其实施教育。但是，虽然学校教师不可能从学生人生的起点开始教育，但不意味着教师就可以忽略学生的起点。如果教师尊重了学生的起点，就意味着每一位坐在教室里的学生都是一个有血有肉的人，教师不能把学生当作一个装知识的容器，而应该把他当作一个需要延续的人生故事的主人翁。可是，如果你要去延续学生自己的故事，不了解这个故事的来龙去脉，这怎么可以呢？

说实话，教师谁不希望自己的学生一学就会？谁不希望自己的学生考出顶呱呱的成绩？谁不希望自己的学生有个美好的未来？可事实上并不是每个学生都能够顺利地实现教师的理想。偏偏大部分学生都不是一学就会，有可能你教了三遍他还是没学会；大部分学生都考不出顶呱呱的成绩。如此看来，教师教书教得心累，主要是因为对学生的期望值和现实状况之间的落差太大所致。可是，当我们抱怨生源太差，抱怨学生不够努力或者不够聪明的时候，我们有没有追问过自己，我们对学生的期望值是否合理呢？

我们对学生的期望值来自何方？是来自对学生学习历史的客观分析，还是来自对学生学习未来的科学预测呢？两者都不是。有可能是来自对课程标准的简单比对，对教学计划的刻板执行，来自于对考试进程的简单顺从。这里并不是说教师对教学目标的设定、对学习目标的计划，不能够比对课程标准，不能够执行教学计划，不能够顺从考试进程，而是说不能简单比对，不能刻板执行，不能简单顺从。如果我们不尊重学生的起点，就不可能为学生选择一个科学的终点，而只能用一些抽象的标准来为学生划定一个终点，可是如此一来问题就产生了：虽然这些终点看起来非常理想，非常诱人，在理论上也无懈可击，但却势必会远离学生的学习现状。当教师只是抱怨几个学生跟不上教学进度时，是可以理解的，因为即使教师了解了学生的学习现状，但限于学生的基础不一样，所以总有学得好与学得不好的学生。当教师并不是抱怨几个学生，而是抱怨整体生源太差时，这就不全是学生的问题了。学生的学习没有跟上这是既成事实，但每一个阶段的教育都拔高了教学与学习目标，这可能才是导致学生越来越跟不上的根本原因。

要解决教育问题并不需要太多的教育理论，关键是我们要真正地把教育理论当一回事。还是以对学生学习起点的尊重为例，相信绝大多数教师都听过"最近发展区理论"，简单说来就是我们常讲的"跳一跳，摘桃子"。在维果茨基看来，学生的发展有两种水平：一种是学生的现有水平，指独立活动时所能达到的解决问题的水平；另一种是学生可能的发展水平，也就是通过教学所获得的潜力。两者之间的差异就是最近发展区。教学应着眼于学生的最近发展区，为学生提供带有适当难度的内容，调动学生的积极性，发挥其潜能，超越其最近发展区而达到其新的发展水平，然后在此基础上进行下一个发展区的发展。理论上的阐述可能过于复杂了，实际上是要求教师在确定学生期望值时，包括确定教学进度和教学目标时，既要做到对学生未来的科学预测，更要做到对学生学习历史的全面回顾，只有将两者结合起来，才可能为学生设定出一个可学又可教的区域。

3. 做一名真诚的教师

在一次座谈会上，一位刚入职的教师很委屈地诉说了自己的故事。他深知自己是一位新手，因此在课堂管理上，尽量向其他有经验的教师学习，甚至有时到他们的班级中去实地观摩。可是，这样的努力却让他更加困惑，因为不同的教师有不同的做法，有的教师在班上雷历风行，有的教师却是和风细雨。当他不断地学习与模仿别的教师的时候，反而在课堂管理上无所适从，由于没有稳定的原则，时间久了，学生也就自行其是，没有人再听他的话。在对这位教师的好学精神表示敬佩之时，笔者也为他的课堂管理效果表示遗憾。在课堂管理中，遭遇类似困境的教师不在少数，尤其是刚入职的教师。其实，不管在什么时候，做一名真诚的教师，都是管理学生最起码的原则；简单地模仿他人，最终的结果只能是失去自我。

一、别让自己离做真人太远

老师这个职业，它是让一个人去教另外一个人，这无形中就把老师与学生分了等级，即老师作为教人的人，似乎在各个方面都应该比学生要做得好；学生作为被教的人，似乎在各个方面都应该向老师学习。时间久了，老师就真把自己这个职业当回事了，不但在学科教学上不能出错，就连在日常生活上也要处处显得比学生优越；可惜的是，学生并不买教师的账，虽然他们承认教师在学科知识上比自己丰富，但却认为在日常生活中，教师也应该是和他们没有多大区别的人。因此，当教师在学科知识上表现出高学生一等的时候，学生就会敬佩这样的老师；可是，当教师在日常生活中也要表现出高学生一等的时候，学生就会讨厌这样的教师。

社会对教师的要求在深度上并不多，没有人说老师一定要多么深刻，要多么有创新思想，能够研究出多少新的成果。深刻是对哲学家的要求，有创新思想是对思想家的要求，研究出新成果是对科学家的要求。尽管老师要教各位"大家"创造出来的知识，但并没有人要求老师也要像他们那样富有深度。在深度上要求不多，但在宽度上对老师的要求就非常明显了，老师不但要掌握正确的知识，用正确的方式来表达知识，还需要在日常生活中适当地践行知识。我们允许哲学家有自己的思想，但并不要求哲学家把自己的思想当作生活准则，也不需要哲学家必须用标准的普通话来朗读自己的哲学著作；但对老师就不同了，不但要求老师"学高为师"，还要求老师"身正为范"。正是由于社会对哲学家、思想家和科学家的要求集中在深度上，所以他们容易在"点"上努力，但在面上仍然保持一种日常化的生活方式；对老师的要求集中在宽度上，所以他们不但难以在"点"上取得成绩，而且在宽度所及的范围内也失去了日常化的生活方式。似乎老师在学生面前，说话一定要更标准一点，走路一定要走得更快一点，腰一定要挺得更直一点，在传统的观念中，只有做到了这些，才是典型的老师。可是，当老师一定要在学生面前显得更标准一点、更快一点、更直一点时，不但失去了老师自己的日常生活，也让学生觉得这样的老师有点做作；既然老师不真实，那就很难保证学生会心甘情愿地向他学习。

社会对老师在教学技能上的要求并不高，对老师在生活道德上的要求却不低。很难说优秀的学生是老师教出来的，因为促成学生优秀的因素实在太多，而老师仅仅是众多因素中的一个。所以，虽然教师的专业水平很重要，但很少有人直接批评教师的专业水平低到不适合做教师的程度，当然还有一个重要的原因，在于教师的专业水平很难测定，也就很难证明教师的专业水平是否低下了。值得注意的是，虽然大家很难将学生的成功归功于教师，但却很容易将学生的变坏归咎于教师，因此对教师的人品要求很高。而且教育并不只是让学生掌握知识，还要让学生形成正确的价值观，这也是大家对教师生活道德寄予厚望的原因。于是，教师为了回应社会对自己人品的高要求，就不得不在学生面前让自己显得有品德，慢慢地，教师对学生的要求也会提高，这就导致教师逐步远离了日常生活状态，甚至还要求学生也要远离日常生活状态，自然会让学生觉得难以亲近。

教师是影响学生的人，一位真正的教师，既不是在知识上把自己高高捧起的人，也不是在生活上把自己高高举起的人，而是不管在知识上，还是在生活上，都能够与学生平等交流的人。重新做回普通人的形象，把自己当真人看待，可能是教师解决教育问题，尤其是解决课堂管理问题的关键所在。

二、让教育从真诚出发

人真的很奇怪，情愿把钱交给不认识的人，比如交给银行，一大把钞票换回来一张小纸条，但心里比把钱拿在自己手上还要踏实；但如果让你把一大把钞票借给别人，哪怕是你最喜欢的朋友，一旦你把钱交给他，虽然他明确告诉了你他还钱的日期，但你心里还是觉得不踏实。情愿相信陌生的机构却不相信熟悉的人，这种感觉并不奇怪，对于绝大多数人来讲，都更相信书本，而不相信讲解书本的人；也就是说，学生更相信教材，但却不怎么相信教师。学生之所以相信教材，是因为他们觉得教材不会有自己的目的；之所以不相信教师，是因为他们觉得教师在教育教学中可能有自己的目的。一旦教师在教育教学中有自己的目的。而且这个目的还和学生的目的不一致，那学生就成了实现教师自己教学目的的工具。

每一位去银行存钱的人都知道，银行是要赢利的；之所以在知道的情况下还要去银行存钱，是因为银行比较真诚，在存钱之前就会告诉你，你的钱存多长的时间，会给你多大比例的利息。对于教师来说，相信想通过学生来实现个人目的的还是少的，可即便这个比较无私的群体，似乎赢得学生的信任也越来越少。人与人之间交往或者交易，最怕的并不是在交往或者交易中有所损失，而是碰到不诚实的人，把交往或者交易变成了一场骗局。当然，学生还不至于把老师想象成骗子，但如果在课堂上老师没有表现出足够的真诚，那就很难保证学生会很真诚地向老师学习学科知识了。

做一名真诚的教师，并不是说让老师去讨好学生，而是指老师在课堂上，不管是表扬学生，还是批评学生，都要让学生认识到，老师这样做是真的为他好。做一名真诚的教师，同时也意味着，老师都有自己的喜怒哀乐，可能因为学生的良好表现而高兴，也可能因为学生的调皮而沮丧；但老师的高兴与沮丧，一定是自然的流露，而不是用来鼓励学生或者阻止学生的手段。当真诚情感自然流露时，学生看到了老师作为真人的一面，也感受到了老师对自己以诚相待的一面，便更容易以自己的行动来回应老师的真诚，那就是多做让教师高兴的事，少做让教师沮丧的事。正是在教师高兴与沮丧的自然流露过程中，很容易就达到了教育的目的；而这远比老师想方设法地以故作高兴与沮丧为手段来实现教育目的更为有效。

做一名真诚的教师，还意味着教师要对所有学生都一视同仁。教师是帮助学生学习的，不管这个学生是优生还是差生，是听话还是调皮，只要是你的学生，你都应该帮助他。当学生发现某个学生因为优秀而不受教师批评时，或者因为某个学生成绩不好而经常被教师批评时，他就会觉得教师对学生的批评不是为了让学生发展得更好，而是出于教师自己的偏好，因而就看不出教师在帮助或者教育学生时所具有的诚意。教师真诚的批评和表扬，并不仅仅表现在批评和表扬本身，还表现在教师要为被批评的学生提供解决问题的思路与方法，为得到表扬的学生讲明成功的道理和继续努力的目标。

做一名真诚的教师，不仅仅表现在课堂生活中，也表现为老师在课堂上对待知识和对待教材的态度。人非完人，人非全知，不管是老师还是学生，在知识面前都会有犯错的时候。老师纠正学生的错误是应该的，但如果因为学生犯了错误就一味地指责，而不是帮助学生指出并纠正，那这样的指责就不是真诚的。老师在课堂教学中也有可能出现错误，如果老师能够主动承认自己的错误，并在自己的努力或者学生的帮助下纠正错误，那这样的错误本身就是对学生在这个知识点上的善意提醒，也是老师自己不断得到提高的一次机会，这既是对自己的真诚，也是对学生的真诚。如果老师始终不承认自己的错误，或是虽然承认了错误却不愿意纠正，一味地坚持自己的权威，并以权威来掩饰自己的错误，这就是不真诚的，会导致学生不再信任老师。

三、在真诚中提升自我

真诚地对待学生，不仅仅需要勇气，更需要实力。要做一名真诚的教师，就要敢于直面真实的学生，敢于直面真实的教育问题。当我们面对调皮的学生时，要做的不是在学生调皮之前就把他镇压住，也不是在调皮后对他进行苦口婆心的劝告，而是要发自内心地帮助他找出导致他调皮的真正原因。所以做一名真诚的教师，不仅仅是在态度上要真诚，更重要的是在行动上也要真诚。只有这样才既能够帮助学生，又能够在帮助学生的过程中，实实在在地提高自己的教育教学水平。

寻找到真实的，同时也是自己有可能解决的课堂问题，是提高教师教育教学水平的开始。很多时候，我们都提倡预防课堂问题比解决课堂问题更重要，但关键之处在于，究竟我们是预防了问题的发生，还是只是延迟了问题的发生？真正的预防，是在课堂问题还没有发生之前，教师就已经把可能导致课堂问题的病根解决了。如果只是简单地把学生震住，这样既没有解决可能导致课堂问题的病根，也不可能由此提高教师解决课堂问题的能力。更糟糕的是，如果教师总是想着去镇住课堂问题，而不是真正地预防或者解决课堂问题，就会采取以暴制暴的方式来对待学生，而学生又不得不采取以暴抗暴的方式来对付教师，如此循环，不但会恶化课堂问题，还会让老师在态度上越来越差，在能力上越来越低，让学生可能遭遇到的课堂问题越来越严重。

真诚地面对学生，有利于教师更真实地对待自己，包括更好地证明自己的优点，也包括更有效地指出并克服自己的缺点。真诚地对待学生，要求老师把自己最真实的一面表现给学生，包括自己最优秀的一面，也包括自己最薄弱的一面。老师之所以是老师，是因为他在很多方面都比学生优秀，但并不意味着他在所有方面都比学生优秀，也不意味着他在所有方面都表现得优秀。当老师在学生面前表现出薄弱的一面时，就会督促他想办法弥补自己的薄弱之处，从而更有效地实现自己的教育使命。比如当老师在课堂上把某个字读错了时，如果这个老师平时对学生比较凶，估计也没有学生敢指出这个错误；于是，看起来课堂教学继续进行下去了，但在波澜不惊的背后，却隐藏了两个问题：一是学生会觉得老师自己都不是知错就改的人，那他们自己也容易学会坚持已见；二是老师发现不了自己的这个错误，自然也就不可能去纠正这个错误。当然，一两个字读错了还只是小错误，如果是老师的教学理念出了问题，老师也不与学生坦诚交流，那不管对老师还是对学生，都会造成不可挽回的损失。

真诚地面对学生，还有利于老师全方位地审视并提高自己。要做一名真诚的老师，不仅在课堂教学上要真诚，而且在日常生活中也要真诚。这就要求老师不但要逐步提高自己的课堂教学水平，还要在日常生活中感染与引导学生。要管理好课堂，有很多功夫并不在课堂之中，比如搞好师生关系，就不仅需要老师能够在课堂上培养和学生之间的感情，还需要老师能够在课外与学生多联络交流。因此，真诚地面对学生，要求老师的专业既要强于学生，又要在日常生活中赢得长远的进步，而很多教师都尚未能意识到这一点。

4. 教师需要什么样的权威

　　教师被学生赶下台的事情时有发生，名师被学生赶下台的事情却并不多见，若非笔者亲眼所见，也难以相信这样的事实。不过名师是 20 年前的名师，赶他下台的却是今天的学生，把时间差算进去也就不觉得奇怪了。这不禁引发了笔者的联想：如果把古时候那些公认的教育名家请到今天的课堂上来，会不会也产生同样的后果呢？不知道苏格拉底那种"一个圈套"套"一个圈套"的所谓产婆术，会不会被今天的学生接受？估计还没等到他用问题来启发学生，学生就已经把他给赶出教室了。还有孔子，虽然大家都认可他的教育思想，但他对学生的严厉如果放在一个班上，尽管会有部分同学非常喜欢他，估计也会有很多同学不喜欢他。很多教师都羡慕以前教师的权威，只要为师就可与"天、地、君、亲"同享尊荣，一日为师就可终身为父；而今天的教师呢，似乎持有的权威越来越少，享有的尊严也越来越少了。究竟这种变化是如何产生的呢？教师又应该如何理解和应对这种变化呢？

一、对教师权威的追忆与回味

　　教育是人影响人的事业，虽然说教学相长，但主要还是教师影响学生。要让学生主动接受教师的影响，前提是要学生打心底里承认教师的权威地位。教师在学生心目中没有权威，学生自然会反抗教师，只是反抗的表现形式不同而已：表面敷衍教师应该是最客气的，团结起来赶教师下台是最不客气的，而上课时候睡觉、发短信、背单词，甚至偶尔调皮一下，也算是反抗形式中的一种。因此，要当一名合格的教师，就得追问自己是否在学生心目中拥有权威，因为权威是学生主动接受教师影响的前提。既然有这么多教师没有被学生赶下台，就证明教师或多或少是拥有权威的，只是这些权威在不同时代形成的理由不同而已。

孩子最早的教师就是他的爷爷奶奶，爷爷奶奶拥有的权威来自于自己的辈份和丰富的人生阅历，其中辈份居于很高的地位，丰富的人生阅历也因为较高的辈份而享有更强的说服力。从这个角度来说，一日为师终身为父就是对教师权威的一种减损了。当爷爷奶奶逐渐从教育中淡出，家庭教师开始承担主要的教育职责，他们的权威来自于对知识的垄断，毕竟只有他们才读过四书五经。家庭教师和手工作坊中的老师带徒弟有着异曲同工之处，他们都因为自己拥有垄断式的知识而备享权威和尊荣，他们把自己拥有的知识和工作技巧传授给学生，这本身既是知识与经济的交易，也含有将个人理想传承给学生的伦理味道。

当学校以专业教育机构出现，教师以专业教育人员出现时，虽然教育越来越依赖学校和教师，但学校和教师对知识的垄断程度却越来越低，教师与学生之间的辈份与伦理色彩也越来越淡。随着纸的出现和印刷技术的发达，尤其是随着信息技术的飞速发展，垄断知识的可能性变得越来越小，尤其是学校教育中传播的那些普通知识与公共知识，已经不再成为垄断的对象。于是，教师不再拥有垄断的知识，也不再因为对知识的垄断而享有权威。与此同时，教师与学生之间亲情与个人色彩的淡泊，对师生平等关系的强调，对教师作为知识传授者的职业身份的认可，使得教师难以因为辈份与伦理而享有权威。于是，教师的权威越来越依赖于教师在教学过程中的专业水平，以及教师因关爱学生而赢得的爱戴与尊重，这就是当前师生关系的现实写照。

二、教师权威的类别与形成

对教育教学工作来说，对教师权威的强调，甚至比对师爱的强调更有现实意义。对师爱而言，只要教师愿意付出，他就可以给予学生；但对权威而言，并不是教师想得到就可以得到的，它需要教师有足够的能力与魅力去赢取。虽然学生对教师权威的尊重是一样的，但教师对学生拥有的权威种类却不一样，与之相应，教师从学生那儿赢取权威的方式与途径也不一样。当教师使用不同种类的权威时，所获得的教学效果也会不一样，因为不同种类的教师权威，在学生心目中会形成不同的学习感受和模式。我们借助于韦伯对权威种类的划分，分别从传统权威、法理权威和魅力权威来分析教师权威的类别及其形成。

传统权威是基于世袭或者文化传统而享有的权威。在教师对学生享有的权威中，传统权威的比例最大，但目前下滑得也最快。既然这种权威是传统的，就意味着这种权威是靠传承而不是靠努力得来的。学生应该尊重教师，这是一种尊师重教的文化传统使然。传统权威是随着社会文化传统的变迁而变化的，教师个人在这种变迁过程中的努力功效是极其低微的。因此，教师在面对传统权威下滑时，需要的是逐步适应的气度与心胸，而不是一味的抱怨与感叹。

法理权威是基于制度任命或者法律授权而享有的权威。教师与学生之间并不存在直接的上下级关系，所以教师从来就没有享有过基于制度任命而获得的权威，与之相反，在教师与学生之间，随着学生消费者地位的巩固与教师教育服务提供商地位的清晰，在制度层面上学生赢得的地位优势反而越来越明显。不过，教师在一段时间里曾基于家长的授权而获得权威。记得在笔者小的时候，父母经常对教师说："我们把孩子送到你这儿，你想打就打，想骂就骂，反正都是为了孩子好，你打了骂了我们还要感谢你，就当帮我们教育他了。"只是好景不长，随着计划生育政策的落实，家里的小孩越来越少，也就变得越来越宝贝了，家长不但自己不愿意打骂，也不希望教师打骂自己的孩子，更谈不上授权了。因此，法理权威不管是基于制度任命，还是基于法律授权，都在走下坡路。

魅力权威是基于专业能力和生活素养而享有的权威。教师之所以是教师，就是因为教师相对于学生拥有更多的专业知识和生活阅历；而学生之所以愿意当学生，就是因为通过教育教学过程，他可以拥有这些专业知识和生活阅历。因此，尽管此前教师权威的核心是传统权威，但随着文化传统的变迁以及师生关系的嬗变，传统权威让位于魅力权威成为一种必然的趋势。但是，传统权威是天然享有的，也是后天难以争取来的，而魅力权威则完全是后天争取来的。从上面对魅力权威的描述可知，教师要增大魅力权威的比例，就要不断提高自己的专业能力，主要是丰富自己的专业知识和提高自己的教育教学水平；还要在生活上成为学生的导师，在生活素养上成为学生的引路人，从而让学生愿意接受自己在人生发展上的引领。

三、教师权威的使用与影响

权威是一个极其容易被错误理解和错误使用的词。在大家的心目中，往往认为"师爱"是一个主动的词，可以让学生更主动地接受教师的影响；而权威是一个被动的词，只会让学生更被动地接受教师的影响。其实，对学生而言，"师爱"才是一个被动的词，因为当老师对学生付出了爱之后，学生不得不被动地接受师爱，不接受师爱的学生也会被说成是冷漠无情，接受了师爱而不给予回报的学生肯定会被说成是自私自利。与之相反，权威则是一个相对主动的词，如果学生不赋予教师权威，也就是学生打心底并不承认教师的权威地位，这时哪怕他主动地拒绝教师对他的教导，也不会被他人给予坏的评价；如果教师权威在没有得到学生承认的情况下，仍然强行对学生施加教育影响，学生反而会以弱者的角色赢得大家的同情与支持。所以，在教育教学中，教师更主动地依赖权威，才能将教师权威融入学科教学之中，会更有利于发挥学生的主体功能。

虽然教师权威的使用有利于学生主体功能的发挥，但怎么使用教师权威，以及在哪些领域使用教师权威，对教师权威的可持续性产生影响。虽然权威的来源和形成机制不一样，但一旦老师从学生那儿取得了权威，在使用上就可以迁移到不同的领域。比如教师因为传统而获得权威，并不意味着教师就必须将传统权威用到文化的传承上，可以用在生活上，也可以用在专业上，甚至还可以用在与教育无关的一些领域里。因此，教师除了在权威的取得上要有智慧，还需要在权威的使用上精打细算，避免将权威用错了地方，既浪费了辛苦赢取来的权威，又破坏了在学生心目中的教师形象。对教师来说，将教师权威用在学生学习上，利用学生对教师权威的尊重，可以引领学生在学习难度或者时间长度上超越自我，还可以引领学生主动或被动地与其他同学分享学习成果，从而在学习上获得自学所难以获得的效果。这是使用教师权威的一个基本原则，也是教师权威取得良性循环的基本途径。当学生在学习上体会到赋予教师权威的积极回馈，学生才会更积极地赋予教师更多的权威。如果教师把权威转移到非学习领域，比如在生活中使用教师权威，在经济领域中使用教师权威，只会导致学生否定自己赋予教师权威的行为，并终止赋予教师权威的行为。

对教师权威的关注，对学生的学习有着直接影响，因为有了权威的参与，学生的学习才会更加主动与积极。但教师权威对教师专业发展的影响，却总是被大家忽视。目前教师众口一词的说法，就是学生越来越不尊重教师，教师这个职业越来越不被重视。但从上文的分析可见，随着社会现代化和经济市场化的深入，传统权威和法理权威肯定会越来越少，这是一个不可逆转的趋势，虽然教师们还活在昔日传统权威和法理权威的记忆中，但这些记忆除了让我们对今天的师生关系有更多抱怨之外，已经不再有什么具体的教育价值。但在抱怨之外，却可以发现教师专业发展的方向，那就是用魅力权威的增量，来弥补传统权威和法理权威的减量，这样既可以赢得学生对自己权威的尊重，又可以在专业水平和生活品位上有进一步的发展。

短期看来，赢得学生对自己权威的尊重非常重要；但从长计议，通过自己魅力权威的增长，来促进教师专业水平和生活品位的提高，才是既对学生负责又对自己负责的专业发展之道。

5. 调皮只是学生自我保护与自我实现的手段

　　站在教师的角度，调皮是无法容忍的。因为学生的调皮，课堂无法按照教案而深化；因为学生的调皮，教师的权威有可能被学生挑战；因为学生的调皮，学校多了几分忙碌与混杂。总之，学生调皮与调皮学生，对现行教学秩序来说是一种危险，这种危险若不除去，学校的安宁与有序就很难保障。

　　站在学生的角度，调皮不但有存在的理由，而且缺少了调皮，学生就会失去自我保护与自我实现的手段。如果没有了调皮，学习生活的单调与乏味将让人难以容忍；如果没有了调皮，学生的奴性将表现得彻彻底底。因为对于学校和教师来说，所有的计划与安排，都是对学生的指使与奴役；学生的调皮，就是对自我人性的保护与发挥。有了调皮，在学校生活中，学生才有可能实现自我保护；有了调皮，在学习生活中，学生才有了自我实现的机会。调皮是课堂教学中的不和谐音符，但它却成了另一群学生的"代言人"。

　　凡是听过课的教师都承认：听一堂课比上一堂课更累！要投入地听一堂课，需要的前提太多了，比如讲课人的风格要适合自己，讲课内容要是自己想听的，讲课人对自己的态度要是良好的。而且，自己是喜欢讲课人的，并且有足够的时间去听完这堂课。

　　可是，我们的学生是干什么的呢？他们的工作就是听课——比上课还要累人的"听课"。每天早上 7 点钟左右就到学校，开始进入我们预先设置好的"学习程序"：晨读，关键是要读教师指定的内容，还要按照教师的要求来读，最好是读出感情来；班会，关键是要听班主任老师的指示，尤其要记住班主任老师的要求；上课，尽管教师讲的内容与自己的生活并没有多大关系，但必须一个字、一道题都不能少；做操，这原本是锻炼身体且有益于健康的活动，可现在花了很多时间去整队，问题并不是操没有做好，而是自己做的和别人做的是否一致。当然，还少不了许多其他的事，比如被任课教师拉到办公室训上几句，再被办公室其他教师顺便"奉承"两句。

学生生活的枯燥与乏味，不是我用这么一点语言所能尽述的。我们最讨厌的生活，不外乎"监狱式"的劳作。但即使"监狱式"的劳作，也只是对人的行为的强制，而现在学生的学习生活，除了对学生行为予以强制之外，还强制性地要求学生的思想，包括想什么和怎么想。要让学生去适应这样的生活，的确有点为难他们了。

不管学生多么小，如果我们还把他们看成是独立的人，我们就应该想象得到，他们对这种枯燥乏味的生活的反抗，是顺理成章的，也是他们坚持生活下去所需要的。学生的反抗可以分为两类：一类是消极的反抗，这种情况是最为普遍的，但也是我们最不注意的。比如，学生不做作业，理由是不会做；不参与活动，理由是没有能力参与。对此，我们往往信以为真，认为学生真的不会做，或者真的没有能力参与。随着时间的延续，到最后，不但教师信以为真，连学生自己也会信以为真。谁能想到，事后的无知与无能，仅仅是以前学习期间的懒惰与抵触导致的呢？另一类是积极的反抗，表现为学生的调皮。通过不交作业，来反对教师对他具体行为的强制；通过做鬼脸，来调剂枯燥的学习生活；偶尔还通过打骂同学、谩骂教师，来消解自己心中的压抑。从学生的角度来讲，如果没有这些消极或者积极的反抗，他们不但早就没有了学习的兴趣，恐怕连对学习的坚持，甚至个人学习生活的延续，都会成为很大的问题。

在现实生活中，尽管绝大多数学生都会反抗现实的教育生活，但这种反抗本身并没有太多的恶意，其目的只是为了调剂枯燥的学习生活，从而更好地度过学习生活，至于是否能够取得更好的成绩，并不是他们所关注的。可是，当学生真正面对学习生活时，他们只是教师教案与教学计划的"奴隶"，他们没有自己的学习目标，目标都在教师的教学预设之中；他们在学习过程中也无法体现自己的创造性，因为课堂是教师的，学生的创造就是对课堂秩序与课堂预设的反叛；他们的学习成果是自己的命根，但更是教师与家长的面子与命根。因此，在学习生活中，他们寻找不到自信与成就感，即使偶尔有学生寻找到了，也只不过是因为他们主动地适应了教师对他们的安排。

在这种情况下，学生对教师的反抗，也就多了一层含义，那就是证明自我存在的价值。在他们看来，日常生活是没有价值的，但挑战权威却是富有成就感的。因此，这些学生乐于不交作业，不是不会做，而是不交作业这件事，可以让教师的权威得到削弱，让他们在同学面前充满成就感；因此，这些学生乐于做其他同学不愿意做的事，比如在课堂上扮鬼脸，他们认为这是一种"英雄"行为；因此，这些学生乐于与教师顶嘴，因为在顶嘴的过程中，他们寻找到了与教师平等的地位，而只有学生中的"英雄"才可以享有这种地位与尊崇。他们所做的一切，并不是天然的追求，而是对已经被埋没或者剥夺了的学习成就感的替代。当学习不再属于个人创新的领域时，他们只好在学习领域之外，寻找实现自我的机会。

当我们站在学生的角度时，就不难发现，调皮只是他们自我保护的手段，这种保护是对日常教育生活中的指使与压抑的反抗；调皮只是他们自我实现的手段，这种实现是对学习过程中成就感的另类替代。当教师越是指使与压抑他们时，当教师越是剥夺他们在学习过程中的乐趣与成就感时，他们就会变得越调皮，除非在这种枯燥与压抑的学习生活中"沉默"下去。

6. 论期望在课堂教学中的心理效应

要谈论期望效应，就必须从谈皮格马利翁效应开始。皮格马利翁是古希腊神话中的塞浦路斯国王。相传，他性情非常孤僻，喜欢独居，擅长雕刻。他用象牙雕刻了一座他理想中的女性的雕像。他天天与雕像为伴，把全部的热情和希望都寄托在少女雕像身上，少女雕像被他的爱和痴情所感动，从架子上走了下来，变成了真人，嫁给了皮格马利翁。这个动人的爱情故事让我们对"期望"有了善意的期待，所以当国足前主教练米卢先生说"态度决定一切"时，人们普遍接受了这种思想。其实，在人们的生活中，并不缺少成功，只是缺少对成功的期望，而期望是可以自主萌发的。

可是，当大家对期望效应寄予厚望时，我却开始担忧起来，生怕"人有多大胆，地有多大产"的思想在教育领域里复活。在日常生活中，我们经常会有这样的体验：你期望中的好事往往难以实现，但你期望中的坏事却屡屡发生。尽管在谈论期望的文章中有大量的个案证明，如果你对某件事充满了期望，那么成就这件事情的概率就能得到提高，但真正要让期望中的好事实现，只有期望还远远不够，还需要我们付出与之相配的精力、财力与智力。试想，如果皮格马利翁没有雕刻出"他理想中的女性的雕像"的能力，没有对少女雕像付出"全部的热情和希望"，又怎么可能产生"少女雕像被他的爱和痴情所感动，从架子上走了下来，变成了真人"的结果呢？在这个故事中，期望只是巩固了这位浪漫国王的意志，但要真正完成这项使命，并不会因为这个期望的存在而减少丝毫的成本与代价。相反，我们期望中的坏事之所以经常出现，是因为从好事过渡到坏事，并不需要我们额外的付出。正因为如此，在日常教育生活中，对好的教育业绩的期望其实并不多，但对坏的教育业绩的期望却不少。因为前者意味着自己需要付出艰辛的努力，而后者却意味着自己可以寻找到"偷懒"的理由。

教育只能在可以改变的领域内展开，犹如园丁无法在沙漠中生存一样。对于学生来说，他们智力水平的可改变程度非常有限，而其情感水平却给我们留下了巨大的空间。这样的对比似乎暗示我们教育应该从学生的情感着手，而不是死死地盯着学生的智力不放。但让教师感到困惑的是，尽管新课程标准提出了评价学生的三维目标，即要求学生在"知识与技能、过程与方法、情感态度与价值观"上全面发展，可事实上，评价教师的教学业绩、学校的办学水平的标准，仍然是学生的考试成绩。而考试成绩一直是学生智力水平的代名词，但学生智力水平的可改变程度又非常有限。这也就难怪当前各级各类学校的教师都在抱怨学生太笨了，至少这些学生的智力水平，与学校领导所期望的学生成绩所代表的智力水平差距太大。既然智力水平难以改变，那学校教师除了抱怨学生太笨以外，也就别无他法了。

可是，考试成绩并不完全等同于学生的智力水平。尽管考试成绩主要依赖于学生的智力水平，但学生的情感因素与认知策略（也就是我们常讲的学习方法）的重要性仍然不能忽视。从可改变程度来看，学生智力水平的可改变程度是非常低的，但其认知策略与情感因素的可改变程度却都非常高。因此，要提高学生的考试成绩，核心的教育策略并不是将火力集中在学生的智力水平上，而应该集中在可改变程度非常高的认知策略与情感因素上。学生的认知策略主要受教学方法的影响，正如古语所言："工欲善其事，必先利其器。"这充分表明方法与策略对学业成绩的影响有多大。对于具体的教学方法与策略，我们就不在这儿展开了，下面我们将研究视野聚焦在学生的学习情感上，因为学生情感因素的可改变程度非常大，不但可能因为有积极情感而形成学习意志，还可能因为有消极情感而主动抵制学习活动，两者间的落差非常大。

对课堂教学而言，如何才能影响学生在学习过程中的情感因素呢？从今天的生活来说，他们衣食无忧；从未来的发展来说，似乎还太遥远，他们还没有足够长远的眼光和乐观的认知水平去考虑与准备。他们今天之所以要去学校读书，并不是为了赚回眼前的生活费，也不是为了在未来赚到更多的生活费（尽管老师与家长都是这么认为的），而是为了实现自己的价值，甚至只是为了寻找生活中的乐趣。但学生年龄还太小，对他们学习价值大小的认可需要成人，尤其是教师来予以评判，因此，教师对学生的期望不仅仅是学生好好读书的目标，更是对学生学习价值的最终评定。因为教师对学生学习价值的评定标准，并不是学生对学习潜力的挖掘程度，而是教师自己对学生的期望程度。

当教师对一位学生的学习成绩不再抱有任何期望时，完全可以预见这对学生来说是多么巨大的打击，而且这种打击远不限于眼前的学科学习，而是对学生智力水平与未来生活的否定。反过来，由于教师是专业教学人员，如果教师对学生的学习成绩充满期望，这就代表着专家对学生智力水平的认可，学生就会因此而信心百倍地投入学习。其实，不管教师对学生是否有所期望，都不能改变学生的智力水平，但不同的期望却可以改变学生学习过程中的情感因素，并进而改变学生对自己智力因素的使用效率。

对绝大多数教师来说，要对学生形成积极期望的确有很大困难。教师对学生学习成绩与学习态度的抱怨，虽然对教学活动的改善与优化并没有多大的益处，但是可以让我们发现：要让学生喜欢上读书并且读好书非常困难；而要让教师在这种情况下仍然对学生的学习活动形成积极期望更是难上加难。我们为什么会在如此大的概率上对学生群体失望呢？我们判断学生智力水平高低的标准是什么呢？我们判断学生学业成绩高低的标准又是什么呢？难道我们的孩子在智力水平上真的"一代不如一代"了吗？难道我们的孩子真的成了"垮掉的一代"了吗？我对此是持怀疑态度的。虽然我并没有什么科学证据来证明我们的学生是"一代强于一代"的，但至少用达尔文的进化理论，也可以说明人类的智力水平是不大可能逆向进化的。

的确，如果以清华大学与北京大学的招生标准来评价学生，不管是智力水平还是学业成就，班上的学生都是让我们失望的，而且似乎不管他们多么努力都无法让我们获得希望。可是我们面对的并不是抽象的招生标准，也不是学校下达的考试指标，而是具体的张三、李四与王五，与他们自己的昨天相比，他们总是在进步的，这就是我们的希望，这就是我们对他们寄予期望的理由。其实，教师对学生感到失望并不是因为学生太笨，而是因为学生的智力水平无法实现学校确定的教学指标。因为学校在确定教学指标时，总是希望将指标设置在高于学生智力水平的位置，以此体现学校的教育价值。殊不知学校对学生的期望值越高，学生智力水平实现教学指标的可能性就越低，以致教师对学生的期望值也越来越低，这反而打击了学生的学习兴趣，伤害了学生的学习情感，削弱了学校的教育价值。因此，在对学生形成积极期望时，既要保证这种积极期望与学生的智力水平相适应，还要保证形成积极期望的人与机构在层次上是恰当的。

当然，对学生的期望值越高，对教师教学水平的要求就越高，对教师的教学付出也就要求越多。只有教师的教学水平提高了，教师的教学付出增多了，学生的情感才会被调动起来，学生的学习氛围才会形成。所以，教师不但需要从学生的实际出发，对学生形成积极而又合理的学习期望，还需要从自身教学水平出发，不断促进自己的专业发展，将自己的专业水平与自己对学生的高期望值保持一致。如果只有对学生的高期望值，却缺少皮格马利翁先生那样高超的雕刻技术，我想最终变成现实的，恐怕就不是皮格马利翁所获得的美丽的"少女"，而是缺胳膊少腿的"老妇"了。

7. 谁的课堂谁做主

——学生离场的原因探微

人很容易对自己的东西，或者是自己曾经为之付出时间与精力的东西怀有喜爱之情。记得曾在报纸上看过一篇报道，说英国的科学家发现，在母亲的大脑中有一种特殊的细胞群，当母亲见到自己的孩子时，这个细胞群就特别兴奋，所以母亲对自己的孩子有着特殊的情感。在心理学家弗洛姆的名著《爱的艺术》中，他是这样论述母爱的："母爱是一种幸福，是祥和的，不需要去获取，也无需回报。但是无条件的母爱也有消极的一面，这种爱不仅不需要回报，它也不能被获取、被产生、被控制。有了母爱就有了幸福，没有母爱，生活就失去了美，而我却无法创造这种爱。"不管母爱是基于生理的需求，还是基于心理的特征，母亲对孩子的爱之所以如此无私与真诚，和母亲的"十月怀胎"之苦不无关系。正因为母亲对孩子无私的投入，母亲对孩子就有了无限的期待，也就有了无边的爱。母亲对孩子生命过程的参与，对孩子生长过程的参与，铸就了母亲对孩子最为无私与真诚的喜欢与爱。

我们意识到这个问题之后，也就不难发现，现在的学生为什么不再喜欢我们的课堂。在与教师们的交谈中，当论及课堂中学生的学习状态时，教师们的抱怨往往集中于"学生身体的在位，无法替代学生思想与智慧的缺位"。学生坐在教室里，眼睛盯着黑板，可他们的心思却在无边无际的遐想中遨游。教师们时不时地把学生的心思"押"回来，但教师的批评与强制却无法拴住学生的心思，正如堤岸总想阻挡住洪水，可洪水却更急于冲破堤岸的束缚一样。洪水与堤岸之间的争夺，再现于课堂中的学生与教师之间。

学生为什么无心于课堂？很重要的一个原因，就是课堂并不是学生的，或者说学生并没有参与课堂。面对一个非常可爱的婴儿，大家都会喜欢他；可是当这个婴儿需要大家哺育，需要大家每天都坚持不懈地照料时，除了他的母亲，有多少人会因为"喜欢"而去哺育与照料他呢？同样，现在的课堂是谁的，谁就会积极地参与课堂，谁就对课堂质量负有责任，谁就会像母亲那样去投入并呵护它。

教师为什么有心于课堂？很重要的一个原因，就是课堂是属于教师的。课堂是教师职业生涯的前线，课堂教学是教师的生命线。教师课堂教学的优劣，决定着教师的教学业绩，决定着教师的声誉，也决定着教师的未来。在课堂中，教师想当然地认为，学生的本职工作就是学习，所以学生是隶属于课堂的，他们不仅应该按时到教室上课，还应该全身心地投入到课堂学习中。当教师发现学生的心思与智慧"漫游"时，就会觉得这是学生对课堂的"欠债"，是学生对教师的背叛。课堂对教师利益与声誉的影响是直接的，也是重要的，而对学生的影响虽然也是重要的，但并不是直接的。因此，与学生相比，教师对课堂的参与程度更大，对课堂的责任感更强，成为课堂主人的意识也更浓。当教师以课堂主人的身份"驾驭"课堂时，学生对课堂的"欠债"，就成为对教师的背叛，教师对学生的"讨债"越紧，学生对教师的反感就越大，学生的心思与智慧"漫游"的概率也就越大。

学生会喜欢上课吗？当然会。但是，让学生喜欢上课只有两种可能：一是学生能够真切地参与课堂，其参与课堂的程度越深，对课堂的喜欢程度也就越深；二是让学生意识到课堂是属于"自己的"课堂，其对课堂的主人翁意识越浓，对课堂的热爱程度也就越深。

让学生真切地参与课堂，远不只是让学生到教室来听课。学生到教室来听课，既是他们的义务，也是他们的权利。但是，要让学生全心全意地参与课堂，却是有条件的。在目前"一人为师，众人为徒"的情况下，只有学生对课堂知识掌握了，才能达到教师对学生知识掌握程度的"基本预设"。大量的学生无法参与课堂，并不是因为他们在态度上不想参与课堂，而是因为他们的知识基础与学习能力，与教师备课中预设的知识基础与学习能力并不一致。如果其知识基础与学习能力低于教师的预设水平，学生就会被课堂教学所排斥；如果其知识基础与学习能力高于教师的预设水平，课堂教学就会被学生所排斥。

教师对学生知识掌握程度的基本预设，取决于两个方面：一是教材对知识的排列。按照教材的逻辑，排在教材后位的知识，往往是以排在前位的知识为基础的，因此教师在教后位的知识时，就必须预设学生已经掌握了所有前位的知识。二是教师对学生整体的评估。由于学生间的知识差异大，教师在备课时必须假想面对一个或者一类的学生。通过对学生整体的抽象把握，也是为了照顾更多学生对课堂的参与，教师往往选择学习成绩中等的学生作为预设的取材。在教育实践中，教材是必须讲完的，于是教师更乐于或者更有必要按照教材的排列来备课，这就脱离了学生的学习实际。而且，在教材进度的压力下，教师并不是以"特定的"中等成绩的学生为备课对象，而是以"特定组合"的成绩中等的学生为备课对象。在这种情况下，除了极少数的优秀学生具备教师课堂预设条件之外，大多数学生都是听不懂老师在讲什么的。

即使学生掌握的知识达到甚至超过了教师预设的知识程度，学生对课堂的参与，还必须确保自己的学习思路与教师的教学思维保持一致。可是，教师都是所教学科方面的"高材生"，教师之所以选择上大学时攻读这个学科，往往是因为在中学时代就是这个学科的佼佼者；即使不是佼佼者，在大学也经过了该学科的专业训练，所以不得不让学生佩服其学科思维的发达。正因为学生对教师学科思维的佩服，才引发出一个深层次的问题，即除了极少数优秀的学生之外，很少有学生的学习思路能够跟得上教师的教学思维。所以，我们就听到越来越多的教师抱怨学生在自己所教学科上的拙劣表现。

由此可见，要让学生真切地参与课堂，在目前"一人为师，众人为徒"的课堂教学体制下，并不是一件容易的事。大多数学生，要么没有足够多的知识储备，要么没有足够强的学习能力，所以他们只是课堂的"旁观者"，在他们眼中，教师才是课堂中的"导演"与"主人公"。还有少部分优秀学生，他们既有足够多的知识储备，也有足够强的学习能力，是课堂上的"群众演员"，他们上演的，可能是一场"名剧"，但也可能是一场"闹剧"。

不管多么精彩的表演，旁观者注定是要离场的。在剧场中最忙碌的，就是制片人、导演与主人公。课堂就是一个剧场，既然大多数学生既当不上导演，也无法成为主人公，甚至连群众演员也混不上，也就注定了他们要离场。可是，在学生无法参与课堂的情况下，课堂还有可能是学生的吗？这个问题的答案，实在容不得我们乐观。

8. 如何让学生"流浪的心"回归课堂

今天的学生和以往的我们一样，都会在课堂上度过一天中最为美好的时光。但不一样的是，儿时的我们，除了学习，课堂生活就是我们的全部，我们还有什么呢？而今天的学生，课堂之外的精彩实在太多，把心全部交给课堂的学生已经越来越少，讨厌课堂的学生越来越多。讨厌课堂，在一定程度上就意味着讨厌教师与讨厌学习。面对这样的现象，我们不能因此就责怪今天的教师不像我们儿时的教师那样富有吸引力，事实上，今天的教师可能比我们儿时的教师更具有魅力。或许这只是因为课堂之外的魅力增长太快，而教师在课堂中展现的魅力增长太慢吧。如今，一线教师的繁忙是我们所无法想象的，但让学生回归课堂始终是教师理应承担的责任。

要让学生回归课堂，前提是我们不能追究他曾经离开课堂的责任，但我们却有必要研究他离开课堂的原因。当我们站在学生的立场看教育问题时，就可以理解学生离开课堂总是有正当理由的，比如，他们在课堂上根本听不懂教师对学科知识的讲解，或者得不到教师与同学应有的尊重。我刚上大学时，学校开设了英语听力课，对于其他同学来说，听那些简单的英语实在是太容易了，可对于从来没有受过英语听力训练的我来说，去上这样的课简直就是受尽折磨；再加上教师时不时的提问，让我在这样的课堂上既得不到应有的尊重，又得不到心理上的成就感，在这种情况下，逃课便成为我不得已而为之的选择。过了这么多年，不知道现在的英语听力课是如何上的，也不知道是否还有像我当年那样的学生。

不管对学生逃离课堂或者心灵游离课堂作何解释，所有教师都关心一个问题：学生还有可能回到课堂吗？在我看来，这并不是一个单独的问题，而是以下四个问题的综合：第一，教师希望学生回到课堂吗？第二，教师的确在吸引学生回到课堂吗？第三，学生有回到课堂的必要吗？第四，学生有条件回到课堂吗？

首先，我们来看第一个问题：教师希望学生回到课堂吗？提出这样的问题，估计绝大多数教师都会骂我。试想，哪一个做教师的不希望学生回到课堂上来呢？除非这位教师在职业道德上或者心理上有问题。提出一个问题，往往有两种情况：一种是为了寻找答案，另一种是为了强化大家对这个问题的关注。每位教师都承认，自己是希望学生回到课堂的；可事实上，有几位教师向学生表达过这种心态呢？教师每天走进教室时面容都是严肃的，他们不会因为来了这么多的学生而欣慰，而总是为没来的学生而生气。学生没有教师这样深沉，他们需要教师向他们表达"我很高兴你们回到课堂中来"的意愿。只有让学生领悟到教师对他们每时每刻的欢迎，他们才可能回到课堂中来，不仅仅身体坐到座位上，更重要的是，他们的心思也能够停留在课堂中。其实，每位教师都有这种心态，缺少的只是表达。而错误的表达或者不表达，往往会将更多的学生驱赶出课堂。当一位班主任在班会上怒斥有同学一周迟到三次时，这样的怒斥会减少学生迟到的次数吗？我看未必。那些一周只迟到了一次或者两次的同学，可能还会因为老师对一周迟到三次同学的曝光而感到轻松，毕竟他们还不是班上最差的。

第二个问题：教师的确在吸引学生回到课堂吗？在课堂教学中，只有一个人是有义务留在课堂中的，这个人不是学生，而是教师。对于教师来说，课堂教学既是自己的工作职责，也是自己实现专业价值的地方，既不允许他们身体上的缺位，又不允许他们心灵上的缺位。所以，相对于学生来说，课堂对教师的意义与价值更大。在以往的教育学观念中，往往把学生的学习当作一种义务，可事实上，学生为什么要接受教育呢？为什么要接受这个学校的教育呢？为什么要接受这个学科的教育呢？为什么要接受这位教师的教育呢？学生有必要承担这么多的义务吗？我看未必。至少在短期看来，假设学生不到教室上课，受影响最大的不是学生自己，而是教师与学校。由于课堂是特定学校、特定学科、特定教师的课堂，所以吸引学生回到课堂，就成了教师开展课堂教学的首要工作。就教师的教学实践来看，教师的确是在吸引学生回到课堂吗？教师采取哪些方法吸引学生呢？这些方法是达到目的了呢，还是反而把学生吓跑了呢？

吸引人的东西，绝大多数都是内在的。外在吸引人的东西，我们称之为浮华；内在吸引人的东西，我们称之为品位。而且，吸引人最为困难之处，还在于靠劝说或者警告是很难达到目的的。可当前教师吸引学生回到课堂时采用的主要方法，一是劝说，二是警告，这偏偏就是很难有成效的两种方法。当教师苦口婆心地劝学生要好好读书时，发现学生仍然不好好读书，教师便认为这种学生再也不可教了。可问题在于，教师为什么就不区分一下，究竟是劝说这种方式无效，还是学生本意就不接受你的劝说？当教师认为劝说无效，认为自己无法吸引这位学生回到课堂时，就只好采用警告的方法了，要么用悲惨的未来去吓唬学生，要么要求学生请家长到学校来。前不久看报纸，说有一所学校，请调皮学生的家长到学校来陪读，效果很好。效果当然很好，关键是这种效果是否真的有利于学生的学习。如果是为了折磨家长，为了进一步激怒学生，为了把学生更快地驱逐出课堂，这种效果的确很好。其实，教师真正吸引学生的，很可能是与课堂教学无关的东西，比如教师的课堂魅力，教师对学生的关爱，教师自身的幽默。真正吸引学生的教师，总是在不经意间达到了目的；刻意去做的教师，反而会让学生觉察出他的无能。

第三个问题：学生有回到课堂的必要吗？这似乎也是一个不用回答的问题。学生不回到课堂，怎么学习呢？如果学生不学习，还怎么称之为学生呢？可是，要让学生具有回到课堂的必要，前提是课堂要有利于学生的学习。教师的教是为了学生的学，当教师的教不利于学生的学时，学生也就没有必要回到课堂了。那么，现在的课堂是不是都有利于学生的学习呢？是不是有利于所有学生的学习呢？我看未必。对于每一位教师而言，你能够保证你所上的每一堂课都有助于学生的学习吗？

我们可以把教师的课堂分为两类：一是表演类，二是教育类。前者以课堂本身的可欣赏性为标准，后者以课堂本身的实效性为标准。举一个例子：学员"夸"我"上课真是口若悬河"，听罢这样的评价，我在喜形于色之后，又觉得有点不对。"口若悬河"是对"我"的评价，而不是对"我上课"的评价，也就是说，我上了几天课，上课的内容并没有给学生留下什么印象，这说明这几天的课是彻底失败的。这样的课便是我们所说的表演类的课堂。表演类的课堂事实上对学生并没有多大助益。试想，教师的口若悬河，是学生在短短几天内学得来的吗？真正对学生有助益的，是教育类课堂。教育类课堂不仅要依靠授课教师个人的能力，更重要的，还要依靠授课教师对学生学习状态的了解。只有教师为学生提供教育类课堂，学生才有必要回归课堂并接受教师的引导与帮助。

第四个问题：学生有条件回到课堂吗？假设前三个问题都已经解决了，也就是说教师向学生表示了欢迎回归的态度，教师也有吸引学生回归课堂的能力与水平，教师还为学生提供了教育类课堂，那么学生就能够回到课堂吗？在这种情况下，要让学生回归课堂，还必须解决很多前提性的问题。其一，学生应该回归哪一个课堂？是表面上他所属的年级的课堂，还是他力所能及的课堂？对于后进生来说，尽管他们人坐在五年级的教室里，可他们的能力所及的可能只是二年级或者三年级。很多教师并不是为他们提供二年级或者三年级的教育教学，而是抱怨他们"笨"。更可怕的是，很多学校整体教学质量比较低，学校为了赶进度，便整体拉高教学内容，使得学生整体失去了对课堂的守护能力。其二，教师与同学对他的刻板印象会改变吗？既然已经离开了这个课堂，在教师与同学中就已经形成了固定的印象，这个同学是离开过课堂的人。有了印象就有了期望，当他在课堂上有了好的表现时，哪怕相比其他同学来说这只是一个非常小的进步，教师和同学会因此而表扬他，还是继续漠视他，甚至怀疑他的成功？其三，学生对自己在课堂生活中的未来还有没有希望？教师可以保证课堂是一个欢迎学生的课堂，是一个对学生有益的课堂，而且外在社会也证明了这个课堂对学生而言是必需的，但并不等于学生就能够明白，这样的课堂对他的确有益。教育是一件长期的事，要让别人相信教育对人真的有用，其实是一件很困难的事，不然教育投入就不会这么少了，因为大多数人都不相信教育的回报值得花这么大的投入。当社会形成这种意识以后，受教育者自己也就不会相信教育会对自己有助益了。对于远离课堂的学生，尤其是长期远离课堂的学生，要让他们意识到课堂的确对自己的未来发展有用，还真不是一件容易的事。

9. 论"无鼓励"、"无惩罚"的课堂管理

　　有位朋友有一个两岁的可爱女儿，她不但可以在亲朋好友面前自如地跳舞，还可以自如地唱自己改编的歌曲，等到我们拍完掌，她还会轻轻地说上一句"谢谢"。我在想，如果哪一天没有了这些掌声，她是否还有兴趣继续唱下去，继续跳下去。另外一位朋友有一个七岁的儿子，他很内向，每次见到我都害羞地躲开，只有在朋友的威胁下才向我问好。听着那怯怯的声音，我总觉得以后听到问好的可能性会越来越小。于是，自己不禁想到这样一个问题：在课堂管理中，我们通过"奉承"来诱引学生规范行为，通过威胁来消除学生的逾矩行为，这样做是否就一定能培养出理想中的学生呢？每当学生做了好事，我们就应该鼓励他；为了防止学生做坏事，我们就可以威胁他；如果学生做了坏事，我们就应该惩罚他。在传统的教育观念中，这些做法都没有错，也都是我们在日常教育生活中经常采用的策略，可这些策略并没有给我们带来满意的结果。

　　虽然学生做了好事，我们就应该鼓励他，可这个鼓励应该是针对他的能力，而不是针对他这个人，否则，如果得不到新的鼓励，他的能力可能反而会消退。记得我小学时班上成绩最优异的那三位同学去了区里的重点初中，而我则留在了镇上的初中；谁知过了不到一年，三位同学中成绩最优异的那位回来了，说是极端讨厌读书；三年后，我上了一所普通高中，去区重点初中的另一位同学却连普通高中都没有考上；再三年后，我与去区重点初中的最后一位同学相聚在高考复习班，真是殊途同归；再过一年，我来到了上海，他却留在了省内。现在回过头来想，我在读书的过程中，一直都

没有得到太多外在的鼓励与"奉承"，但在漫长的求学生涯中逐渐培养出了读书的兴趣，所以路虽然曲折了一点，但总归是顺势而上；而那些在小学就很优秀的同学，在大家的鼓励与"奉承"中长大，过早地将学习的目的寄托在别人的夸奖之上，因而慢慢丧失了内在的学习动机，难怪他们一旦到了新的学习环境，一旦不再享有昔日的鼓励与"奉承"，就深感失落甚至放弃学业。因此，鼓励学生、表扬学生或者"奉承"学生时，切莫将这个人夸得过分，而应该指明他成功的原因何在，最好的比如"潜能无限"，较好的比如"能力可嘉"，说"个性很好"也不错，但不能毫无缘由地夸学生，这很容易使得学生不再去发展自己的能力，而只是追求教师对他的鼓励。

在传统的教育观念里，鼓励历来就是教师"赐予"学生的，是要学生努力争取才能够得到的。于是，我们便很难区分学生勤奋学习究竟是为了得到教师的鼓励，还是他们对学习真的有浓厚的兴趣。也很难区分教师对学生的鼓励，究竟是发自内心的认可，还是只是在用这种方式来管制学生。在课堂教学中，如果学生不是以追求真理为乐，而是以追求教师的鼓励为目的，教师就很难培养学生内在的学习兴趣与动力。反过来，如果教师对学生的鼓励并不是发自内心的认可与佩服，而只是对学生学习行为的一种管制手段，这种鼓励就难免显得浅显与虚伪。其实，教师鼓励学生的前提，是真真切切地发现学生有值得表扬的能力或者表现；这种鼓励是教师发自内心的认可与佩服的表现。当然，这就延伸出另外一个问题，教师何以会认可并佩服自己的学生？教师无论在学识上还是在阅历上都强于学生，又怎么可能认可并佩服自己的学生呢？我想这涉及一个对比标准的问题，如果用教师的现在对比学生的现在，学生肯定是弱者；可如果教师用学生时代的自己来对比现在的学生，或者把学生进行对比，就会发现学生有很多优点值得去认可与佩服。

对于惩罚学生，我们有太多的理由，学生没有按照要求完成家庭作业，学生没有按质按量背诵课文或公式，学生没有遵守学校的规章制度……总之，在有些教师的眼中，完全不需要惩罚的学生是少数，需要惩罚的学生反而是多数。道理很简单，如果学生完全不需要惩罚了，那还要教师干什么呢？在他们看来，教师的任务就是教育与帮助学生做好家庭作业，科学地背诵课文与公式，理性地遵守学校的规章制度，如果学生在这些方面都做得很好，教师的任务也就完成了。有些学校与教师事实上已经将惩罚作为教育学生的主要手段。

当学生在课堂上不能有效接受新知识时，教师对他的惩罚有效吗？究竟是他没有接受新知识的能力，还是教师的教学没有做到通俗易懂呢？的确，如果学生愚笨而不可教，当然既不能责备教师，也不能责备学生，因为责备本身并不产生作用，只有教育才可能缓解这种情形。如果是因为学生没有接受新知识的能力而导致的，那么教师可以通过改变自己的教学方式来缓解学生因为能力不够而面临的学习危机。如果是因为教师的教学没有做到通俗易懂而导致的，教师还要惩罚学生，那么这种做法就的确错了。

当我们发现学生没有完成家庭作业时，我们对他的惩罚有效吗？学生不完成家庭作业往往有三种情况：一是家庭中没有学习的条件与氛围，而学生个人是无力去改变或者创造学习条件与氛围的。二是学生不会做家庭作业，也就是说，学生在学校的课堂学习中并没有习得完成家庭作业的能力，这种情况的原因以及责任已经在上文中有所介绍。三是教师们布置的家庭作业太多，在有效的时间内根本完成不了，在这种情况下，有些积极的学生可能会尽可能去做，可有些消极的学生会认为反正做不完，还不如都不做。在这儿我们要强调的是，学生并不是面对一位教师布置的家庭作业，而是数位教师布置的家庭作业，可能在一位教师看来这点作业是非常少的，可把数位教师的作业加起来就可怕了。如果我们不认可作业量太大的事实，而是去责备学生做作业的态度不端正，就难免有逃避责任之嫌。

其实，在课堂教学乃至整个教育教学过程中，如果教师要惩罚学生，首先务必追问自己是否有过错。这并不是苛求教师的教学行为要十全十美，而是说在师生关系中，教师往往处于主动与强势地位，如果教师不首先追问自己，就难免会把自己的某些过错包括专业上尚无法解决的很多问题，都归责于学生。学生处于被动与弱势地位，既不敢质疑教师的惩罚，更没有能力追问问题产生的真正原因是不是在教师身上。

任何外在的惩罚都不能直接改变学生的行为。当学生做了一件正确的事情时，我们因为真切地佩服他在这件事情中表现出来的能力与品质而对他的这种能力与品质进行表扬。当学生接受我们的表扬并以此确认自己的努力方向时，他才会更加主动地做更多正确的事情。因此，我们的表扬是外在的原因，学生对我们表扬的内化才是催生他更加勤奋学习的真正原因。同理，当学生做了一件不正确的事情时，我们首先应找到导致这件不正确的事情发生的根本原因，然后再宽容学生无法回避的方面，批评学生可以回避但没有回避的方面。学生会通过教师的批评来反思自己的行为，并重新规划自己的行为。因此，真正导致学生行为转变的并不是教师的外在批评与惩罚，而是学生对教师的外在批评与惩罚的反思、接受。

第五辑　教学管理的方法

1. 莫让"教学领导"止于"随堂听课"

一个人单干，虽然非常卖力，终究难成大器，就更不必说提高工作效率了；一群人合作，虽然有形成合力的机会，但同时也创造了偷懒的机会。对学校来说，仅仅依靠教师个人的力量，不管教师个人多么努力，提高教育绩效都只是空想而已。试想，如果依靠教师个人的努力就可以把教育搞好，又何必把教师们聚到学校里呢？如果教师们集中在学校里，但不积极工作，相信这样的教育效果还不如教师单干好。学校的教育质量和教育绩效的全面提升，离不开教师群体的教学力量。把单个教师的课堂教学力量整合为教学群体力量，这就是我们常讲的"教学领导"。教学领导不但要解决教师在群体中的积极性的问题，还要解决教师在群体中如何合作的问题。

一、随堂听课：让人认真但不踏实

由于学校的期中考试成绩不理想，校长在教师大会上说，期末前学校领导一定会把全校教师的课都听一遍。眼看快到期末了，学校领导还没有去听张老师的课，这让张老师很为难，他特意为学校领导准备了一堂新课，如果校领导到期末都不来，那学生就听不到这堂新课了；可如果自己提前讲了这堂新课，学校领导来听课时就不能显现自己的教学水平。在期盼和为难了近半个学期后，张老师鼓起勇气去问教导处究竟什么时候来听自己的课，谁知教导处的老师说，根本就没有准备听他的课，因为他的课既没有好到需要在全校推广的程度，也没有差到学生要投诉的程度，听了也没有多大意义。从教导处走出来，张老师有一种如释重负的感觉，但被愚弄的感觉似乎更浓一点。这近半个学期以来自己惶恐、不安，对课堂教学一直处于应战状态，但除了多掌握了一些课堂技巧之外，自己并没有对课堂教学和学科知识有什么深刻的理解和认识。

有一位校长很兴奋地介绍自己的经验，说他自从在学校里实行"推门听课"，学校的教师上课比以前认真多了。所谓"推门听课"，是指学校中层以上的领导可以随时推开教室的门去听教师的课，而且不一定要把整堂课听完，这样可以让学校领导有时间听更多的课。这样的听课制度的确可以改善部分教师不认真教课的问题，在随时都可能有人监督的情况下，教师总是处于应激状态之中，对课堂教学自然会提高"警惕"。可是不是有了"推门听课"，有了对课堂教学保持"警惕"状态的教师，学校的教育教学质量就能够得到提升呢？虽然提高教育教学质量离不开教师的"警惕"，但仅仅依靠教师的"警惕"，尤其是因为被监督而激发出来的"警惕"是远远不够的。教师在"警惕"门外可能来听课的领导时，就无法全身心地投入课堂教学，也无法全身心地关注课堂中的学生。即使是很认真地备课，也很难保证备课的内容与形式是为学生准备的。

课堂教学是一个复杂工程，教师对教学内容可以肤浅地解读，也可以深刻地诠释；在教学过程中可以极尽表演的本事，也可以用自己的学识深刻浸润学生；师生之间可以相互迎合与妥协，也可以相互感染与影响。教师究竟应该为学生提供什么样的课堂教学呢？为了让教师给学生提供有效而又深刻的课堂，我们首先想到的就是课堂监控，希望通过课堂监控来督促教师尽其所能地构建优质课堂。但是，课堂监控将教师对课堂教学直接负责的关系，转变成了教师对监控标准负责，监控标准对课堂教学负责的间接对应关系。对教师来讲，你监控我什么，我就努力做好什么；对于监控不到位的地方，我自然就没有必要去做到位了。课堂监控就意味着监控的对象一定是可以被外现或者被感知到的，如果课堂教学完全服务于被外现的方面，那么，这样的课堂教学就只能流于形式；而如果课堂教学完全服务于监控者的感知需求，那么，这样的课堂教学也就远离了学生的学习需求。

二、探问教学领导的管理本质

教学领导者总是少数，从事课堂教学的教师总是多数，这就意味着如果把教学领导定位为监控单个教师的课堂教学，单从人数对比上看，这样人盯人的方式就是不可能到位的。在管理学上，一直没有处理好劳动者与监督者之间的关系：为了让劳动有效，就让监督者监督劳动者，可是怎样让监督有效呢？是不是还需要设置上一级监督者呢？如此循环下去，监督成本可能会远远大于有效劳动获得的收益了。还好，这个问题在经济学中找到了答案，那就是让劳动者分享有效劳动带来的收益，至少让劳动者分享低效劳动与有效劳动之间的利益增值部分。说到底，别人监督的作用是非常有限的，自我监督永远比他人监督更有效。课堂教学也是一项劳动，而且是一项复杂、不容易监控的劳动。想要让课堂教学变得更有效，教师绝不能因为教学监控而发生目标转换，要将自己的目标定位为提高课堂教学效率，而不是应付教学监控。

稳定性是教师职业的典型特征，绝大多数教师终生都将从事这个职业，这就意味着课堂教学和教书育人是教师人生价值的重要体现。从这个角度来看，不断提高课堂教学效率也应该是教师自我发展和自我实现的重要途径；外在的规范与管理，不仅是制止老师不负责的行为，更重要的是不能为教师的不负责行为制造理由。而且，要发挥学校办学的规模优势，只靠老师个人的努力是不可能实现的，还需要在不抑制老师教学积极性的基础上，整合老师群体的教学智慧和教学成果。学校如果忽视了凝聚老师群体的教学力量，不管教学监控多么到位，都只是舍本逐末而已。因此，教学领导的本质并不在于通过监控来激发老师的教学积极性，而在于在尊重并培养老师个人的教学积极性的基础上，更好地整合单个老师的教学力量，凝聚老师群体的教学力量以实现学校办学的规模优势。

把教学领导理解成教学监控，虽然在理论上会显得肤浅，但在实践上却易于操作。在实践中能够执行下去是教学领导的关键。正因为如此，才让随堂听课和推门听课等教学监控占了主流，而忽视了对教学领导更为深刻的理解。当我们把教学领导定位为整合单个老师的教学力量时，这样的教学领导就不再把老师群体的课堂教学作为领导对象，其关注的不再是如何去监控单个老师，而是如何调控和整合教师群体的课堂教学，如何营造一种追求优质课堂教学的氛围，如何让教师产生归宿感，让他们在课堂教学群体中感受到更大的成就感。只是监控单个老师的课堂教学，不但简单易行，而且监控者更有权威感。如果要让教学领导超越教学监控，这对教学领导者的能力和智慧的要求就提高了，而个人权威反而会弱化。正因为如此，教学领导者并没有动力去超越教学监控，而是更执著于落实教学监控。

以教学监控替代教学领导，其受益者并不只是教学领导者，还包括实施课堂教学的老师。当然，这只是基于眼前的利益，是以牺牲学校办学品质的稳定提升，牺牲老师教学能力的持续提高，牺牲学生的长远发展为代价的。问题在于，究竟谁应该对课堂教学效率负责呢？在教学监控广泛存在的地方，老师认为既然学校监控了我的教学过程，那学校就应该对我的课堂教学效率负责；但在学校看来，监控教学过程的目的就是让老师尽其所能地提高课堂教学效率，教学监控当然也不会对课堂教学效率负责。在这样的教学管理机制下，老师与教学领导者并不是考虑双方如何合作，而是考虑如何将责任推给对方，导致的结果是对课堂教学低效的抱怨很多，但很少去找其中真正的原因。其实，课堂教学是一个岗位，教学领导也是一个岗位，应该对各自的岗位负责：老师有提高课堂教学效率的职责，而教学领导者有整合和统筹老师个体教学力量的职责。

三、教学领导：支撑与引领并行

不管教师到学校工作的动机是什么，既然来到了学校，其人生最宝贵的时间都会在学校度过，所以不用太操心教师的工作积极性；课堂教学的主要目的是帮助学生成长，这意味着这项工作比生产具体的商品更容易让人有成就感，所以也不用太操心教师的工作满意度。可是，这一切都要以教学领导不因为追求教师间的合作而打击教师的工作积极性，不因为追求教学的组织效率而削弱教师个人的成就感为前提。因此，教学领导的难点在于：如何在促进教师合作的同时进一步激发教师的工作积极性，如何在提高教学组织效率的同时满足教师个人的成就感。

从尊重教育规律的角度来看，要提高课堂教学效率，教学领导者应该在课堂教学之前就为教师提供技术支持，包括教学内容的安排、教学过程的设计、教学组织形式的选择等，而且技术支持不应以命令的形式呈现，而应提供《教学指南》等，让教师参考。虽然在理论上我们总能够找到有效教学的原则和方法，但要真正打造有效课堂，始终离不开教师对自己教学特色和特定班级的学习特征的把握。究竟如何才能够提高课堂教学效率，恐怕教师自己最清楚，任何外在的指导都只能用作参考。这就意味着，教学领导的第一件事，就是尽可能为教师提供有效的建议。要注意的是，教学领导最好不要用外在的行政权力或理论权威去要求教师，因为一旦通过行政权力或理论权威把教学建议规范化或者制度化，就有可能在提高课堂教学效率的同时，让教师因为失去课堂教学自主权而推卸对课堂教学的责任。

对课堂教学的认识似乎不应该局限于课堂，而至少应该向前延伸到备课，向后延伸到改作业和课后辅导。要提高课堂教学效率，充分、有效地运用课堂时间非常重要，但仅仅关注这些还不够。教师在备课上多花一分钟，大致可以为每位听课学生节约一分钟；而教师在改作业上多花一分钟，却只能为几位学生甚至一位学生节约一分钟。所以，教学领导者引导教师在备课上多花时间，在改作业上少花时间，可以成倍地提高课堂教学效率。但问题在于，从管理的角度来看，对改作业的管理远比对备课的管理要容易；于是，教师不再因为备课重要而多花时间，也不因为改作业没有那么重要而少花时间；他们只会把学校管得到位的事情做到位，至于学校管得不到位的事情就应付。把课堂时间用得充分而有效，这应该是教师个人就可以做到的事情，但要让整个课堂教学过程有效，则少不了教学领导者的引领和调整。

作为学校的教学领导者，除了要想办法帮助教师提高课堂教学效率之外，还要想办法提高班级甚至是学校整体的教学效率。我们先来看班级整体教学效率的形成过程，最简单的逻辑是每位教师的课堂教学都有效了，班级整体的教学效率自然也就上来了。可事实并非如此，要让班级整体的教学效率得到提高，教师之间就要配合，把最有效的时间让给最需要的学科教师，而不是尽可能让学生把时间用在自己所教的学科上；要从提高班级学生的学习能力的角度来教学，只重视开展学科教学，而不是单一地从提高学科成绩的角度来教学，只重视灌输学科解题方法。要想提高学校整体的教学效率，只对单个教师的课堂教学过程进行关注是不够的，这就牵涉到学校教学领导者如何推进教学研究工作，如何推进备课组教师合作机制，如何提高教研组教研活动的有效性等一系列工作。在学校中，只有备课组、教研组和科研室属于研发部门，也就是说，只有这三个部门才是以学校教学效率的提高为目的的。但要通过教育教学研究提高学校的整体教学效率，就更考验教学领导者的智慧了，因为并不是所有的教育教学研究都能够提高学校的整体教学效率的。如果教育教学研究的内容选择错了，或者教育教学研究的方法选择错了，就不但得不到科学的研究成果，还会让学校教师对教育教学研究失去信心。

总之，教学领导既是一项系统的工作，又是一项复杂的工作。如果我们把教学领导工作聚焦在某一个环节上，比如课堂时间，那就会忽视备课和课后辅导对课堂教学效率的影响；如果我们把教学领导工作聚焦在某一个方面，比如教学技术的使用或者教师口才，那么教师就只会把教学领导监督到位的工作做好，而忽视那些教学领导监督不到位的工作，哪怕这些工作对提高课堂教学效率非常重要。

2. 因全面而平庸

——课堂评价标准研究

　　教师是一个很难寻找到自信的行业。用学生的考试成绩来评价教师的教学业绩，会让教师很无奈，毕竟教师的努力并不一定能够换来学生的好成绩。除了教学业绩的重负，课堂评价标准也是教师不得不面对的，在全面而又细致的课堂标准面前，教师更难找到自信。在短短的一堂课里，不但很难装下那么大容量的教学内容，更难呈现那么多的教学形式，真正呈现出多种教学形式的课堂，又难免有做秀的嫌疑。为了让教师能够在课堂中充分利用自己的教学优势，逐步形成自己的教学特色，我们拟对当前普遍适用的课堂评价标准进行探讨，以期真正实现课堂评价标准对课堂教学的科学引领功能。

一、由完美课堂引发的全面课堂标准

　　在管理学中，曾经有一段时间学者们非常热衷于领导特质研究，即好领导应该具备什么样的特质。通过对成功领导者的分析，最后提炼出数百种特质，再对这些领导特质进行重要性排序，从中选择出 10 种左右重要特质。于是，这些重要特质就成了培养领导的基本标准。可是，当我们用这些重要特质去培养领导时，发现很少有人能够同时形成这些重要特质，即使同

时具备这些重要特质，这些特质的质量也不怎么高，反倒造就了样样都具备的平庸领导。为什么将原本科学的研究结果应用于实践会产生如此意想不到的结果呢？原来在提炼领导特质时，分别从不同领导身上提炼出一项或者少数几项领导特质，最后得出一个领导群体的特质体系。可事实上个别领导的成功依靠的只是一项或者少数几项领导特质，而不是每一位成功的领导都同时具备了这些重要特质。所以，当我们根据领导特质体系去培养领导时，不但培养不出成功的领导，反而培养出了平庸的领导。

成功的教师应该造就完美的课堂，那么完美的课堂应该怎样造就呢？这就得走进成功教师的课堂。通过对成功教师的课堂进行分析与提炼，找到成功教师的课堂的特征，比如教师讲课逻辑清晰、语言个性化，注重师生互动，非常熟练地使用多媒体，尽可能地照顾到学生个体，等等。如此全面、科学的课堂特征描述不但会让普通教师心服口服，而且会让那些成功教师也心服口服，毕竟他们的课堂也只是具备其中的一两项课堂特征。可是，当教师用完美课堂的标准去要求自己，或者学校用完美课堂的标准去评价教师，或者听课者用完美课堂的标准去评价上课者时，却发现上课者不但接受不了完美课堂标准的引领，反而陷入了困境之中。于是，他们因为课堂不完美而被批评，或者因为追求完美课堂而变得平庸起来。

在教育实践中，完美课堂只是一个无法企及的梦想。当教师用完美课堂的标准来要求自己时，如果这位教师持有积极的心态，那他就会在保持已有优势的基础上继续努力，并逐步向自己还未实现的方面拓展；但如果这位教师持有消极的心态，那他就会不断地弥补自己还未具备的方面，结果使得自己既没有发挥已有的课堂优势，也没有在打造完美课堂上出彩。这还不可怕，可怕的是如果学校用完美课堂的标准来要求教师，那个充满理想色彩的完美课堂，就变成了教师的梦魇：不管你怎么努力，在完美课堂面前，你的课堂永远都不完美，你永远都是一个不完美的教师！正如在道德高标准面前，很少有人获得道德自信，最终的结果就是让人放弃对道德的坚守而流于世俗。同样，在完美课堂标准面前，很少有教师获得课堂自信，最终的结果就是让教师放弃对特色课堂的坚守，最终沦为全面但平庸的教师。

二、全面课堂标准引致的平庸教师

张老师已经在教学岗位奋斗三年了，在刚工作的前两年里，他忙于应付各种各样的检查和比赛，随着学校新教师的增多，他不再成为检查和参赛的重点对象，况且他已经适应了课堂教学，别人不再对他不放心。但是，真的没有人来关注他的时候，张老师反倒觉得心里有些空，失去了继续努力的方向。俗话说不想做将军的士兵不是好士兵。张老师也想做一个优秀的教师，也想打造出自己的课堂风格。于是，张老师开始去听优秀教师的课，向优秀教师打听优秀课堂的标准。谁知一打听反倒糊涂起来了：A老师告诉他好的课堂是能照顾到每一个学生的课堂，B老师告诉他好的课堂是自己非常自信地诠释教学内容的课堂，C老师告诉他好的课堂要以精彩的教学课件为基础，D老师告诉他好的课堂一定少不了教师和学生的互动，E老师告诉他只要能够把知识有效地传授给学生的课堂就是好课堂。好学的张老师觉得每位教师都讲得有道理，自己在他们讲的这些方面都需要努力，但如此一来，自己反倒不知道应该从哪儿开始努力了。一次他偶然地翻开学校的课堂教学评价标准，发现五位教师讲的，课堂教学评价标准上居然全都有，正因为这个评价标准太全，所以大家才将其束之高阁。

《庄子·内篇·养生主》中有一段话："吾生也有涯，而知也无涯。以有涯随无涯，殆已！已而为知者，殆而已矣！"这句话的本意是：人的生命是有限的，而知识是无穷的，以有限的生命去追求无穷的知识，就会搞得精疲力竭，既然如此，还去追求知识的人，就只能弄得疲困了。但我们经常断章取义地说"吾生也有涯，而知也无涯"，并将其理解成"人的生命是有限的，而知识是无限的，因此应该用有限的生命去追求无限的知识"。仔细想想，还是庄子的思想比较对，如果学习的目的就是获得知识，那在无限的知识面前，人永远都是"无知"者。因此，我们学习的目的不应是获得无限的知识，而应是根据自己的需要和学习优势来选择和习得知识。同样的道理，在完美课堂、全面的课堂标准面前，教师永远都是不完美者，教学永远都是不全面的。当教师针对完美课堂和全面课堂标准一项一项地习得课堂知识和能力时，他们不会在自己的教学需要和教学优势上做深度挖掘，而是不断地拓展自己的知识面和能力范围。最终的结果就是，这位教师的课堂教育非常全面，但却缺少了个性，既吸引不了学生，也不能让自己满意。

曾经有一位英语教师问我，在她任教的班级里，成绩最好的同学可以考到 99 分，成绩最差的同学却只考到 9 分，在这种情况下她的课堂教学应该照顾 9 分的同学还是照顾 99 分的同学？我无言以对，最后只好反问她：如果你既要照顾 9 分的同学，又要照顾 99 分的同学，那谁来照顾你呢？大家都笑了，但我却担心这位教师并没有听懂我的话——在课堂教学中发挥出教师自己的优势才是关键。可以说，在课堂教学中充分发挥出自己教学优势的教师才是好教师。事实上，不同教学方法对教师教学能力的要求也不一样，讲授法更强调教师的讲解能力，合作教学更强调师生互动，个别辅导更强调因材施教，如果要求教师教学在运用讲授法教学时既要讲得到位，又要注重师生互动，估计这样的教学走走停停，反而会变得平庸。做一个全面发展的教师，是每一位教师的向往，但还应有做一名优秀教师的追求。因为全面发展是教师个人发展的事，而教师优秀与否，却以教学任务的完成情况为衡量标准，这就与学生的学习有关了。

三、基础与特色存进的艺术课堂标准

教学是科学也是艺术，对教学的这种界定实在是让人摸不着头脑。科学的进步依赖理性与研究，艺术的进步依赖天赋与勤奋，当我们说教学既是科学又是艺术时，就意味着我们需要搞清楚教学中什么是科学，什么是艺术，因为只有这样才能为课堂教学品质的提升寻找到正确的方向。我们可以简单地把教学分为教什么和怎么教两个方面，用科学与艺术的标准来看，教什么更靠近科学，怎么教更靠近艺术。因为教什么是可以用外在的标准来规范的，也可以通过研究使之变得更精确；而怎么教却很难由外在的东西来规范，它更依赖于教师个人的天赋与努力。因此，在教什么上，可以对教师进行规范，也可以通过合作研究等方式来提高教师选择教学内容的能力，使教师对教学内容的理解更深入；但在怎么教上，不得不以教师已有的能力和潜力为基础，任何外在的要求都难以生效，反而会给教师造成压力。短期的压力可以转化为教师提升教学水平的动力，但长期的压力只会给教师带来负面影响。

书法和绘画是被广泛认可的艺术。不管是书法还是绘画，都得遵循基本的规律，你要学柳体，就得掌握柳体基本的笔画写法，你要学隶书，就得掌握隶书的运笔之道；绘画也不例外，刚学画的人特别有体会，要把线条画直并不是一件容易的事，这离不开勤奋。可是，对于那些书法和绘画大师来说，如果还要求他们一字一笔地写字和作画，相信他们创作出来的作品，就不会成为名作了。虽然他们的行云流水和来去自如需要以一字一笔做基础，但不能永远遵循一字一笔的要求，如果总是这样，就只能埋没天赋了。同样的道理，要提升教师的教学水平，要让课堂评价标准既能够引领教师的教学方向，但又不影响其教学艺术与教学特色的形成，首先就要界定评价标准能够起作用的范围，那就是规范教师课堂教学的基本要求，给教师提供形成教学艺术与教学特色的专业空间。

如果说课堂就是发挥教师个性的地方，肯定有教师会不认同，毕竟优质课堂还是有很多共性的。本文之所以不提倡全面的课堂评价标准，并不是不承认这些共性，而是反对把优质课堂的成功都归因于共性。优质课堂的共性，就是课堂教学评价标准的统一要求；优质课堂的个性，就是课堂教学评价标准需要保障的专业空间。课堂教学标准越全面，对课堂教学共性的体现就越多，课堂教学的创新空间就越小。所以，课堂教学标准在教学内容和教学过程上可以大胆地规定，但在教学艺术和教学个性上却要留有空间。

　　当然，对教学内容和教学过程的大胆规定，并不是说学校一下子就把这些规定都拿出来，而是要针对学校在特定阶段和特定情境下的教学状况和教学问题，规定教学内容，有重点地制定教学过程的规范。比如一个学期之内，学校主要是解决课堂管理问题，那么这个学期课堂教学标准的重心就是课堂管理；但如果课堂管理不再是问题，那么学校课堂教学标准的重心就要发生转移，可以为教师的教学艺术的发挥创造空间，同时推进学校对其他课堂教学问题的解决。因此，课堂教学标准只是提高课堂教学质量的一种手段。随着学校课堂教学水平和层次的提高，课堂教学标准的内容也应该发生变化，让那些可以艺术化的部分在课堂教学标准中得以显现。

3. "邀请听课制" PK "公开课"

对于好话，我们总是乐意听的；对于坏话，我们总是不乐意听的。在合适的场合说好话，能让人更开心；在合适的场合说"坏话"，能让人更容易接受。比如有人在背后说你的好话，你听着肯定会更开心；再比如你主动请人家说你的"坏话"，你听着肯定更容易接受。与此相反，如果有人当面说你的好话，你的开心程度就会降低；如果有人在公众场合说你的坏话，你肯定会更加反感。

每个人在日常生活中都有这种体会与感受，但在教育教学过程中，特别是在学校管理过程中，却很少有人把这些观点、感受与工作联系起来，在他们看来，工作与生活完全是两回事。今天学校中盛行的公开课制度，多少就有这样的痕迹。

公开课基本上都是在学校的组织下开展的。对于公开课，大家有太多的质疑与抱怨。但在笔者看来，公开课最值得揣摩的并不是公开课的"作秀"技巧，而是大家对待公开课的态度，以及今天的公开课能否有效地达到预设的教育目的。学校的听课记录表大致包括三大部分：基本情况、听课记录和听课评价。当笔者查阅大家的听课记录表时，发现基本情况部分填得规规矩矩，表明教师们对别人的课还是挺有兴趣的；听课记录部分总是写得满满的，表明教师们在听别人的课时还是比较投入的，当然也不排除因无聊而记录的可能；听课评价部分总是稀稀疏疏的，表明这个部分的内容是不好写的，就算写了有两句也都是干巴巴的表扬之辞，当然学校领导的评价除外。

公开课之后，大家聚在一起评课，除了学校学科教学的元老可以大刀阔斧地点评一番之外，其他人都是好话与谎话并用，当然尽可能是好话了。虽然我们不能够简单地否定公开课，毕竟公开课为教师们的教学交流提供了平台，也培养了一大批优秀的教师，但是，也不能因为公开课有功劳就不去诊断它。我们要去计算公开课的机会成本，要去寻找比公开课更有效的教学交流机制。其实，通过对公开课实际情况的分析不难发现，公开课鼓励大家当面说好话，这降低了听者的幸福程度；鼓励大家当众说坏话，这加重了听者的反感程度。至此就不难理解，为什么公开课越开越寂静了。

学校组织公开课的目的是什么？从教师个人来讲，是希望从同事、领导及学科教学权威对公开课的分析与评议中得到启发，从而提高教育教学能力；从学校来讲，是希望以公开课为教学案例，并以此提升学校整体的教育教学水平。从两者的关系来看，后者必须以前者为前提。因为开课教师是否愿意提供一堂真实的课，不仅影响到他个人教学能力与教学声誉，还决定着学校获得的教学案例是否真实，学校教学管理决策的事实基础是否可靠。我们先来分析开课教师是否愿意为大家提供一堂真实的课。

如果有医生愿意免费为我们做体检，我们不但会"挺身而出"，还会对这位医生感激不尽。可是，如果是招录考试的体检，我们还会"挺身而出"吗？如果告诉我们，虽然是免费的体检，但体检报告要予以公示，你还会"挺身而出"吗？同样的道理，如果教师自己觉得课堂教学有问题，他会主动去请教同事、领导与专家；如果同事、领导与专家为了提高教师的教学能力而诊断其教学，但不公布诊断结果，教师也会乐于接受，说不定还对这样的同事、领导与专家感激不尽呢。之所以称作公开课，既有将教师的课堂教学公之于众的意思，也有将教师课堂教学的诊断报告公之于众的意思，在这种情况下，谁还愿意主动请缨呢？

至于还有多少教师愿意承担公开课，一线的教师比我更明白，尤其是担任过教研组长的教师，更有切肤之痛。当大家都不愿意开设公开课时，公开课就成了一种任务；一旦公开课成了一种任务，开课教师也就丧失了自主性与主动性。于是，教师必须考虑公开课究竟能够为自己带来什么的问题。如果我们的体检报告要公之于众，我们考虑的可能就不是按照真实情况揭示问题，而是如何让体检报告更加"漂亮"；如果教师要把自己的课堂公之于众，那么他就会有意无意地掩盖问题而不是揭示问题，目的是得到更好的教学评价，从而为自己赢得教学声誉。在一些教师看来，让教师在公开课中主动暴露问题，这等于让教师"自取灭亡"。要让教师在公开课中不掩盖问题，这实在很困难；要让教师提供完全真实的课堂，这几乎不可能。

当教师无法提供真实课堂时，教师利用公开课提高自我教学能力的可能性就降低了。同理，如果公开课不是真实的课堂，借公开课来提高学校的教育教学质量的可能性也不大。如果以公开课为教学案例，那么公开课就必须是真实的；否则，从公开课中得到的经验与教训就是虚假的，而虚假的经验与教训不但无助于学校教育教学水平的提升，反而会误导教师。比如，公开课上几乎都采用多媒体教学，这似乎已经成了教学现代化的表征，可对于某些特殊的学科教学，比如数学教学，就未必适合多媒体教学。为了追求公开课的"良好"效果，数学公开课也以多媒体教学为"荣"，这就有舍本逐末的嫌疑了。公开课的虚假，导致公开课经验与教训的虚假，虚假的经验与教训又误导了教师的日常课堂教学，这不但没有起到提升教育教学质量的目的，还耽误了教师大量的时间，不利于课堂教学的健康发展。面对这样的公开课，我们还能做什么呢？

没有了公开课，我们还能有什么？如果课堂长久不公开，教师们长久不和同事交流，势必会因闭门教学而日趋落后。俗话说，流水不腐，户枢不蠹。让教师们就课堂教学进行交流，是提升教师的教学能力与提高学校的教学质量的根本途径。那么，怎样才能达到这个目的呢？要让教师提供真实的课堂，要让教师真心诚意地接受他人的点评，我们就必须恢复教师的自主性与主动性。当教师主动邀请别人去听他的课，主动去征求别人意见时，虽然接受批判仍然很痛苦，但自主性与主动性的存在，可以降低痛苦的程度，还可以提高接受的程度。这就是我们提倡的"邀请听课制"的理论基础。

邀请听课制，就是让学校的一级教师及一级以下级别的教师，在学期内邀请一定数量的同事去听自己的课，至于什么时间去听，以及去听什么内容，听完后如何听取他人意见，均由教师自己安排。对于一级及一级以下级别的教师，我们只需考查教师是否邀请了一定数量的同事去听课；学校中的高级教师主要承担两项工作，一是为一级及一级以下级别的教师开设示范课，二是接受一级及一级以下级别教师的邀请去听课。根据一些学校实施的情况来看，开展"邀请听课制"能够达到以下效果。

对于教师个人来说，由于什么时间开课，开哪一堂课，邀请什么人来听课都是自己决定的，他们在情感上更具有主动性，在开课内容上更具有针对性，在活动安排上更具有自主性。当教师在听课这件事情上有了自主性与主动性后，他们就不再把请人听课当作一项任务，而是当作一件自己的事。如果他仍然提供虚假的课堂，这就是对被邀请人的不尊重；当教师主动邀请其他教师来听课时，如果他仍然不接受他人提供的批判性意见，那他就成了"教育狂人"。事实上，当我们主动邀请他人来听自己的课时，由于听课的人是由自己选择的，所以也真心希望他们为自己课堂教学的优化提供具有建设性与针对性的意见。在听课的人看来，既然别人真心邀请我去听课，想真心听取我具有批判性与建设性的意见，如果我只是敷衍几句，说上几句不关痛痒的称赞之辞，也未免太虚伪了。把何时听课、听什么课，以及请什么人听课的决定权还给教师以后，教师们包括开课的教师与听课的教师，都会以更加主动与真诚的态度来对待听课活动。

实行"邀请听课制"还会产生一种让我们预想不到的效果，就是教师间的人际关系变好了，教师对自我专业的成长更加关心了。为了请到一定数量的教师来听自己的课，教师必须主动与他人交往、交流；当别人很容易请到超过一定数量的教师听课时，如何让更多教师愿意去听自己的课，便成为教师们必须思考的问题。在一些学校，文人相轻的风气影响了教师们的团结，可"邀请听课制"的执行又将教师们团结起来了。这种团结在"邀请听课制"实施的初期是被动的，但通过一段时间的"被动"之后，大家在彼此的课堂中"走动"多了，大家课后的讨论与交流多了，大家课余的活动多了，教师之间就逐渐有了真挚的感情。

为了吸引教师听自己的课，不仅要搞好人际关系，更重要的是要让自己的课有听的价值：要让自己的课堂教学有"出彩"的地方，而且"出彩"之处还要和别人不一样；即使自己的课堂教学存在问题，也要让别人觉得这些问题有研讨的价值。为了让自己的课堂教学具有听的价值，教师们主动地关心起自己的教学风格，关心起自己的专业成长。而教师为了得到别人的邀请，也要不断提高自己的专业能力与专业水平。虽然"邀请听课制"并没有提出考核教师被邀请的人数与次数，但教师看到别人屡屡被邀请而自己总是被冷落，或者只是自己邀请别人而别人不邀请自己时就会失落，从而改变自己，完善自己。在这种教学背景下，教师们不但要提高自己的教学水平，还要提高自己的教学评论水平，这意味着对课堂教学，教师不但要知其然，还要知其所以然。知其然，可以提高自己的教学水平；知其所以然，可以提高自己的教学评论水平。

对于"公开课"与"邀请听课制"，笔者有以下两个方面的感受。其一，教学生活与日常生活很多在日常生活具有一定的相通性中有用的知识，在教学生活中也同样适用，甚至可以将日常生活中的某些知识直接应用到教学生活之中，而教育理论知识还必须通过一定的转化才可以应用到教学实践之中。对日常生活中的感受、经验、传统、习俗的漠视，往往是导致教学生活失败的重要原因。其二，当大家都在敷衍而不是主动执行某项制度时，我们不应该去责怪教师们的"阳奉阴违"，而应该从教师日常生活的角度去分析该制度的合理性。有些时候，改变学校的管理制度比改变教师的态度更加有效。从学校管理者的角度来看，往往如此，也理当如此。

4. 教育教学，是"奴隶的任务"还是"平民的使命"

人是喜欢自主而讨厌强制的，不管在日常生活中，还是在教育教学过程中都是如此。因为强制给予人的是压力，自主给予人的是动力。在"外在压力"之下，人的努力是以"工作任务"为导向的，与个人潜力的发挥无关；在"内在动力"之下，人的努力是以"个人使命"为导向的，以个人价值的实现为目的。要说这些日常生活中的道理，大家都不会觉得陌生，可如果要将其运用到学校管理与教育教学之中，似乎就成了一件极其艰难的事。在学校管理中，我们都预设教师是懒惰的，因此需要给予他们足够的外在压力，这样他们才可能将教学工作做好；在课堂教学中，我们都预设学生是懒惰的，因此需要给予他们足够的外在压力，这样他们才可能学好课程。可是，只是靠越来越多的"外在压力"，能够达到教育的目的吗？

一、教育教学是任务还是使命

在诸多工作中，有些岗位是以"工作任务"的形式呈现的，由于"工作任务"的实现程度可以被监控，所以只需要"外在压力"就可以了；有些岗位是以"个人使命"的形式呈现的，由于"个人使命"的实现程度难以被监控，所以需要"内在动力"。当然，如果让个体在"内在动力"之下去完成"工作任务"，个体往往会将"工作任务"完成得更好。而让个体在"外在压力"之下去完成"个人使命"则是难以成功的,最终的结果往往会导致岗位责任被误读。

教育教学是工作任务还是个人使命呢?区别工作任务与个人使命,主要就是看能否用外在的标准评价,能否被监控。比如,工人生产的成品或者半成品,都可以用产品标准进行检验与评价。工人生产成品或者半成品的过程,也可以进行监控,所以我们说生产工作就是一种典型的工作任务。可是,还有很多工作是无法进行外在评价与监控的,教育教学工作就是典型的例子。对于教育教学工作,虽然可以通过学生的考试成绩进行评价,但这种评价是不全面、不科学的。比如,新课程评价标准就将"知识与技能、过程与方法、情感态度与价值观"列入其中。知识可以通过考试成绩来评价,技能可以通过外在的观察来评价,但学生在个人价值观与世界观上的变化,只能靠学生的生活实践去检验,而这是需要时间的,在短时间内是无法评价与监控的。

对教师的教育教学工作,我们无法用具体的标准去评价,因为用任何单一的标准去度量,我们都可能忽略更为重要的内容;对学生的学习过程,我们也没有具体的评价标准,因为用任何单一的标准去度量,都可能不利于学生将来的发展。在这种情况下,我们只能将教育教学工作归为教师的个人使命,将学习归为学生的个人使命,我们无法监督学生的学。在教育教学过程中,如果教师与学生丧失了"自由"与"主动",他们就会因此丢失内在动机,教育教学就会成为教学任务或者学习任务。

二、教学自主缺位:从使命降格为任务

有的人工作,是为了完成工作任务;有的人工作,是为了完成自己的使命。因此,对前者的管理应采取督促与监控手段,对后者的管理应强调信任与自主。如果用信任与自主去管理前者,就容易导致工作进程的减缓与工作量的减少;如果用督促与监控去管理后者,就会使员工的使命沦为工作任务，这既增加了管理的难度，又降低了员工的幸福程度。

以前，很多学校都沿用自由的管理风格，教师的工作时间自由安排，考勤制度似乎是远离学校的。可是，随着教育技术现代化的到来，学校的考勤制度层出不穷，而且考勤技术比工矿企业更为先进，从打卡到指纹识别，从指纹识别到面部识别，从定时考核到不定时抽查。我们实在佩服人类的智慧，可我们又实在担忧，不知学校管理者是否思考过，哪些工作是适合考勤制度的，哪些工作是不适合考勤制度的，教育教学工作是否适合考勤制度。在笔者看来，对于工作任务的完成，是需要考勤制度的；而对于个人使命的达成，是不需要考勤制度的。换句话说，教育教学工作是不适合考勤制度的。穿鞋子是人类文明的表现，可如果穿上特大号的鞋子，则会让人无法行走；如果穿上特小号的鞋子，就更让人难受了。学校强化对教师教学工作的规范，强化对教师工作过程的监控，这到底是教育文明的一种表现，还是为教育教学工作套上了一双不适合的鞋子呢？

考勤制度为什么能在学校中盛行？道理很简单，那就是在学校管理者眼中，教育教学工作正逐步远离教师的个人使命，逐渐沦为教育教学任务。原本无法用外在标准评价与监控的教育教学过程，现在通过考试成绩和学校一系列的考评指标，比如出勤率、课时量、作业批改率等，就可以测评出教学工作的效果。可是，只要完全遵守学校的规章制度，就能够将教育教学工作做好吗？打一个比方，是不是只用在学校的上班时间，就可以将教育教学工作任务完成呢？那教师在 8 小时工作时间以外，还需要为教学工作付出吗？学校还能够去管教师在 8 小时工作时间之外的事吗？姑且不去谈论考勤制度会对教师的生活带来什么影响，就只是从教育教学工作本身来说，考勤制度是否给教师提供了减少工作时间的借口呢？

很多学校都在将教育教学工作从教师的个人使命降格为工作任务，因为教师从教育教学工作中获得的自主性越来越少，从学校管理中获得的信任越来越少。按照教育法的规定，教师有自主开展教育教学工作的权利，可随着备课组的推行，教育教学工作"四统一"（统一内容、统一进度、统一方法、统一评价）成为了必然，教师的自主性随之丧失。曾经有一位校长说最有效的管理办法，就是在学校推行"推门听课"，就是学校中层以上的领导干部可以随时推开教室的门，进去听教师的课。他说这样一来，学校的教学质量大大提高了。我相信学校的教学质量肯定有所提高，但如果要想有进一步的提高，那就不大可能了。因为教师们再也无法将课堂当作实现个人价值的舞台，而只是将其当成完成工作任务的战场。比如有人在你卧室外站着，他可能随时进来，也可能一直都不进来，在这种情况下，你还能够安稳睡觉吗？同样，面对学校管理者的监控，教师还能够安心地上课吗？

三、回归教学自主：将任务升华为使命

记得《读者》上曾讲了一个故事，说一位瑞士的钟表匠参观完金字塔后，说金字塔肯定不是奴隶所建，而应该是平民的功绩。随后，考古学者的考察，验证了这位钟表匠的推论。好奇的考古学者去问这位钟表匠，他怎么会通过简单的观察就认定金字塔是平民所建。原来，他曾经是一位非常著名的手工钟表匠，他制作的钟表误差仅为百分之一秒；可有一次因为特殊的原因，他住进了监狱，并继续从事制表工作，只是这不再是为他自己工作，而是为监狱工作。在这种情况下，不管他多么努力，他制作的钟表误差怎么也达不到低于十分之一秒。可是这个目标，他回到家里自然而然就实现了，甚至做得更好。于是他得出结论，自己只有在自由的情况下才可能将这项事业做到极致。当他参观金字塔时，发现石头与石头之间的缝隙窄得连刀片都插不进去，他认为，一项工作能够精细到如此程度，是没有人身自由的奴隶所无法实现的。

如果教育教学工作是一项任务，那就只需通过考试成绩来评价与考核；但如果要提升教育教学工作的品质，那就必须将教育教学升华为教师的个人使命，这必须以恢复教师的自主性为前提。

要想去除教育教学工作任务的负担，恢复自主合作，就必须让教师从教育教学工作中真正地寻找到已经实现的"自我价值"。可是，现在的教育教学工作中能够让教师实现自我价值吗？有了相对评价，学校中就只有一位成功的教师；有了听课制度，教学中多了监督少了信任。怎样才能恢复教师的自主性呢？这个问题，事关教育教学的定性，更关乎教育教学的品质。

5. 透视学校教育教学中的博弈困境

不管是学生还是教师，对减负都是支持的。因为减负既可以让学生有更多属于自己的时间，从而自主学习，还可以让教师有充足的时间优化自己的知识结构，提升自己的专业能力。可是，不管是学生还是教师，对于减负的前景都是悲观的。为什么大家都赞成的事，却没有人愿意去做呢？我们先来看两个典型的例子。

第一个例子是"公地悲剧"。在北方的草原上，住着许多牧民，牧民都有自己的羊群。开始的时候，大家都在公共的草原上牧羊，牧草养肥了羊群，牧民们过着幸福的生活。可随着人口的增长与羊群规模的扩大，牧民们都感觉到了"草荒"的危机；也都意识到，如果羊群规模继续扩大，将导致草地生命活力的丧失。每个牧民都清楚，如果自己率先减小羊群规模，别人可能会利用这个机会扩大羊群规模。在这种情况下，尽管大家都明白应该减小羊群规模，可谁也不敢减小自己家的羊群规模。于是，一群牧民眼睁睁地看着羊群规模过度膨胀。最后的结果不言而喻，由于过度放牧导致草场荒漠化，羊饿死了，人失去了生活的经济来源。

第二个例子是"囚徒困境"。两个共犯被抓进了牢房，由于没有足够的证据，无法对他们进行定罪。在这种情况下，警察将两人分别关进两个独立的牢房，并告诉他们，如果他们供出同伙的罪行，他们就会因立功而轻判；如果他们被别人供出了罪行，他们就将被重判。因此，囚徒的处罚有了三种可能：其一，两者都保持沉默，从而无罪释放；其二，把对方供出来，自己被轻罚；其三，被对方供出来，自己被重罚。在这种情况下，虽然每位囚徒都明知两人都保持沉默是最好的方法，可又都在猜测对方会为了减轻惩罚而把自己供出来；而且，不管对方是否把自己供出来，自己把对方供出来都是有利的。于是，最终的结局并非两人都保持沉默，而是两人都把对方供出来，都被重判。

跟以上两个例子相似，学生的学业负担越来越重，与教育教学中的博弈是分不开的：一是相同班级不同学科教师之间的博弈，二是相同学科不同班级教师之间的博弈。加上学校管理文化对教师双重博弈的认可与推崇，学校教师置身博弈困境之中。

一、相同班级不同学科教师之间的博弈

教师要提高学生的考试成绩，有两种途径：一是教师自己在学科教学上花更多的时间；二是教师让学生在自己所教学科上花更多的时间。每位教师心里都清楚，很多时候教师的努力不但提高不了学生的学习成绩，反而有可能导致学生厌学。因此，最直接也是最有效的方法，就是让学生自己在学科上花更多的时间。可是，学生的有效学习时间，正如公共牧场上的草一样，是有限的。教师则如同牧民，既然牧场上的草是公共的，那自己就尽可能多养几只羊，否则自己就会沦为贫穷的牧民；既然学生的有效学习时间并没有完全划归给哪位教师，自己就可以尽可能多地去占用，否则自己学科的考试成绩就会跌下来。教师让学生在自己所教学科上花更多时间的方法有两种：一是让学生更加喜欢自己和这个学科；二是为学生布置更多的家庭作业。要让别人喜欢你和你所教的学科，并不是一时半会儿就能做到的，于是大多数教师"明智"地选择了后者。

假设在同一个班上，学生只学英语和数学两门功课（现实中学生学

的功课远不只这两门，因此问题复杂得多）。为了让学生的学科成绩更好，两位教师不约而同地选择了给学生布置更多的作业，以使学生在自己所教学科上花更多的时间。于是，两位教师之间的博弈就开始了。原本学生每天背 10 个单词（假设这是适量的英语家庭作业），做 10 道数学题（假设这是适量的数学家庭作业）。现在，为了让学生在自己所教学科上花更多的时间，英语教师决定让学生每天背 15 个单词，尽管这样英语教师也要多花时间监督学生，但在短期内，这种增加作业量的方法还是非常有效的：一方面，把学生还没有充分利用起来的时间给利用起来了；另一方面，把学生原本花在数学上的学习时间，也抢了一部分过来。可是，数学教师很快就意识到了这个问题：学生花在数学学习上的时间少了，学生尽管完成了 10 道数学题，但完成的质量不如以前了。于是，数学教师为了抢回原本属于自己学科的时间，就让学生每天完成 20 道数学题。当然，数学教师也知道学生实际上是完不成 20 道数学题的，但布置 20 道，学生至少可以完成 15 道，这样不但夺回了曾经被英语教师抢去的时间，还从英语教师那儿抢了一部分时间。英语教师也不甘示弱，他在想着其他方法抢占时间。如此循环下去。在现实中，博弈的主体在不断增多，语文教师意识到了这个问题，化学教师也参与进来了，历史教师也不得不抢占时间了……

当所有教师都参与进来之后，学生的负担就严重超标了。本来学生在家的有效学习时间只有一个小时，现在被迫延长到 3 ~ 4 个小时，学生学习时间的有效性因而大打折扣。于是，教师们要求家长也参与进来，以确保学生完成所有教师布置的作业；教师自己也深度参与其中，如果谁不完成自己布置的作业，教师就陪学生完成作业。随着博弈程度的加深，陷入这个困境的人越来越多，大家耗掉的时间也越来越多，但学生的学习效果却越来越差，学生的考试成绩一落千丈也就不意外了。更为严重的是，对于这个班级的科任教师来说，明知这种情况不应该发生，大家都应该退回原处，追求教学与学习的有效性，而不是这样去抢占学生的有效学习时间，可谁都不敢率先退出来。他们知道，一旦自己退出来，其他教师就可能利用这个时机抢占时间。

二、相同学科不同班级教师之间的博弈

在同一年级不同班级教着相同学科的教师，是最应该合作的，因为大家的教学任务相似。比如，现在有三位教师，他们都在初二年级教数学。由于教材一样，学生的年级水平一样，所以三位教师完全可以共享彼此的备课材料和教学思想，以避免重复劳动。可事实上，情况并不那么乐观。尽管三位教师都非常清楚，共享备课材料和教学思想，对自己的工作肯定是有帮助的，对自己的专业发展也是有益的，可是，学校目前的评价机制——相对评价法，使得三位教师各自为战，让他们也陷入了博弈困境之中。

对学科教师，虽然我们提倡终身学习，提倡教师关注自身的专业发展，但学科教师的能力基础是既定的。要让学科教师在短期内，通过提高自己的专业能力去提高学生的考试成绩，难度实在太大。可是，学校对学科教师的评价，又是以学生的考试成绩为标准的。于是，一方面，教师要尽可能地挖掘自己的潜力（这不是一朝一夕可以做到的，需要教师长期坚持下去）；另一方面，教师要尽可能地调动学生的学习积极性，让学生在自己这个学科上投入更多的时间与精力。从逻辑上分析，教师要让学生在自己这个学科上投入最多的时间与精力，最好的方法就是让学生喜欢自己和自己的学科，可要做到这一点是非常困难的，学生对特定学科及教师的态度在短时间内是很难改变的。于是，教师就是强迫自己班的学生比其他班的学生多做家庭作业。其实，布置家庭作业，教师不仅是为了让学生复习巩固课堂教学知识，更是为了占有学生更多的课外时间。试想，如果教师课上上得很好，学生需要用这么多的时间去复习与巩固吗？由此可见，相同学科教师间的竞争，并不是以学科教学能力为基础的，而是为了抢占学生的课外

学习时间。布置家庭作业，只是教师抢占学生的课外学习时间的一种手段。减轻学生的作业负担并不是不可能，关键在于，学科教师彻底消除抢占学生课外学习时间的行为。

三、学校管理文化对教师博弈的纵容与推崇

其实，对于教师间的双重博弈，不管是学校管理者还是学科教师，都是深恶痛绝的。但目前的管理体制，尤其是长久沉淀而成的学校管理文化，都认可甚至推崇这种博弈，让人无法指责，更不用说去改变它了。

繁忙正成为教师职业的表征，也是教师尽职尽责的表现。对于在同一个班级任教的学科教师，同学们评价职业道德时，就是看这位教师对他们是否负责，看这位教师是否关心他们的学业。可何为负责，何为关心呢？在没有科学标准之前，教师给学生补课的多与少，教师批改作业的好与坏，甚至教师叫学生到办公室谈话的时间长短，都成为评价教师是否负责任的标准。而更为深层次的标准，比如花更少的时间让学生学更多的内容，上好课让学生少做家庭作业，却成为教师不负责任的表现。如果一位教师对校长讲"原本两节课的内容，我一节课就可以讲好，我可以早点回家去备课或者看书吗？"试想，校长对这位教师会有怎样的评价呢？"不负责任，两节课的内容一节课就讲完了，那你不能再讲一遍吗？"可是，再讲一遍，究竟是对学生负责还是不负责呢？事实上，当我们不去追问课堂教学的内在价值时，课堂教学的内在价值就会被这些表层的瑕疵所掩盖，而这会不断地纵容与推崇教师在学生有效学习时间上的博弈。

教与学、师与生，永远都是相对独立的。因此，在评价教师与学生时，理应采用不同的标准。评价学生，自然会看学生的考试成绩；评价教师，如果再用学生的考试成绩，教师之间定会展开竞争，因为无法区分学业成绩

的获得究竟是由于学生的努力还是教师的勤奋，所以教师间的博弈也就开始了。学校为了让管理简单化，将考试成绩作为师生评价的唯一标准，更是纵容了这种博弈。

6. 成绩竞争 = 专业竞争 + 时间竞争

　　曾经与别人赛跑，但不管我怎么努力，还是被人家甩下一大截。当然，不是说我一定要比别人跑得快，但平时他没有我跑得快，为什么一到比赛他就比我跑得快呢？虽然心里不服输，但还是很谦虚地请教他赛跑的诀窍。他很得意地把腿抬起来，让我看他那带有醒目标志的鞋子。这下子我明白了，原来我们之间的赛跑，不仅是比体质，还包括鞋子。尽管我体质比他好，但鞋子不如他，所以还是跑不过他。人的体质虽然可以改变，但改变的成本非常大，改变的过程也非常长，也就难怪他在鞋子上打主意了。

　　当我想到这件事时，很自然地将它与教师间的教学竞争联系起来。尽管大家都认为学生的能力很重要，实践也证明的确如此，但学习成绩却决定了学生能否得到提升能力的机会，比如升入高一级学校尤其是优秀学校深造的机会，于是学习成绩既成了学生的"命根"，也成了学校的"命根"。由此可见，在教学资源与能力提升机会仍然稀缺的情况下，学习成绩显得非常重要。

　　既然学生的学习成绩这么重要，那么把它作为评价教师教学业绩的标准也就顺理成章了。于是许多人很自然地认为，学生的学习成绩越好，教师的教学水平就越高；学生的学习成绩越差，教师的教学水平就越低。可是，在赛跑时，虽然体质是一项非常重要的因素，但体质好并不一定就能够在赛跑中取胜。虽然我们都知道体质对于赛跑胜负的重要影响，但由于改变体质难度极大，所需时间极长，所以我们完全可以把体质视为既定要素，而在非既定要素中，鞋子就成了比赛胜负的决定性要素。因此，我不由得对"教师间的成绩竞争等于教学水平竞争"这一观点表示怀疑。

在教育理论上，教师的教学业绩受三个要素的影响——教师的教学专业水平、教师的投入程度和教学工作环境。其中，教学专业水平起着决定性作用。可是，一旦回到教育实践，尤其是教师间的教学竞争上，这个结论就显得有点勉强了。一些教师可能只想做校内最优秀的教师，或者校内本学科最优秀的教师，甚至只想做校内本学科本备课组最优秀的教师。在这种情况下，教师的工作重心就从如何提高自己的教学专业水平，转移到了如何在短期内取得比他人更好的教学业绩上。教师的工作重心转移后，不同要素在教育实践中的功能与重要性就发生了变化。

既然教师的工作目标只是做校内甚至是备课组的优胜者，那么教学工作环境对教学业绩的影响就可以忽略不计了，因为大家的教学工作环境都是一样的，这就犹如跑道和赛跑选手的关系：虽然跑道很重要，但它对每位选手的影响是一样的，因此跑道对于比赛成绩的影响也就可以忽略了。

当每位选手都站在跑道上时，理论上对赛跑成绩具有决定性作用的体质因素已经不重要了，重要的是选手的跑鞋质量与临场发挥。所以，虽然在理论上，教学专业水平对教学成绩起着决定性作用，但在教学实践中，要靠提升教学专业水平来提高教学成绩却是短时间内难以实现的。虽然学校也知道应该通过提高教师的教学专业水平来提高教学质量，可每年一次的高考与中考以及为高考与中考而设计的频繁的考试，根本就不允许学校这样做，毕竟提高教师的教学专业水平是一件既耗费金钱又耗费时间的事情。于是，不管是学校还是教师，在教学实践中，都不由自主地把教学专业水平视为既定的要素，而把教师的投入程度（主要以教师的工作时间为标准）看得很重要。似乎学校教学质量的竞争、教师教学成绩的竞争，与教学工作环境和教学专业水平都没有关系，唯一起决定作用的就是教师的工作时间。

既然成绩竞争等于专业竞争加时间竞争，而学校、教师与学生三方都需要有更优异的成绩，那么，不管是专业竞争，还是时间竞争，凡是有利于提高学生学习成绩的，似乎都应该受到鼓励。这不禁让我想起那句大家都知晓的俗语：不管黑猫白猫，抓着老鼠就是好猫。学校管理也是如此，如果教师间存在专业竞争，肯定有利于提高学校的教学质量；如果教师间存在时间竞争，肯定也有利于提高学校的教学质量；如果两者都存在，那就更有利于提高学校的教学质量了。学校管理者应该担忧的，似乎并不是哪个方面竞争的过度，而是任何一个方面竞争的缺位。

当我们只有一只猫的时候，不管这只猫是黑色的还是白色的，只要能够抓到老鼠，我们都应该予以认可。可是，当有两只猫时，我们就不能只看哪只猫抓的老鼠多了，还要看这两只猫究竟是如何抓老鼠的。有的猫不是自己去抓老鼠，而是去抢别的猫抓来的老鼠，这是不允许的。有的猫为了在短期内抓到很多老鼠，天天拼命地去守老鼠窝，几乎以与老鼠"同归于尽"的心态去抓老鼠。虽然一时达到了目的，但并不能长久地坚持下去。如果我们因为它抓的老鼠多而奖励它，那么就有可能营造出一种猫与老鼠"同归于尽"的氛围，使得猫们都不再关心抓老鼠的能力与策略，而只是花更多的时间与精力去抓老鼠。这样，短期内肯定能抓到很多老鼠，可时间长了，猫的体力与精力就会逐渐下降，而且由于猫们缺少对作战能力与战术的研究，抓老鼠的能力急剧下降，这反而让老鼠有了休养生息的机会，真是欲速则不达。

同样的道理，不管是教师专业上的努力，还是时间上的投入，只要有利于教学成绩的提高，原则上我们都应该予以认可与鼓励。但是，不管是专业上的努力，还是时间上的投入，尤其是后者，是不能过度的。教师如果在专业上过度努力，就会导致学生在短期内学习成绩下滑。如果在时间上过度投入，虽然学生的学习成绩在短期内会得到提升，但教师由于时间与精力的透支，会降低教学效率，这样不但不利于教师专业水平的提高，反而会使其在教学专业上迅速走下坡路。我们希望有一位有智慧的教师，也希望有一位勤奋的教师，但我们并不想要一位懒惰而有智慧的教师，也不想要一位勤奋而愚笨的教师。勤奋且有智慧的教师是我们最想要的，但勤奋代表着时间上的投入，有智慧代表着专业上的投入，当时间投入与专业投入集中在特定教师身上时，它们就成了一对矛盾。若是投入教学工作中的时间多了，教学专业上的学习时间自然就少了；若是教学专业上的学习时间多了，投入教学工作中的时间自然也就少了。正因为如此，大家都寄希望于行动研究，认为教师可以"在教学工作中研究，为教学工作而研究"，从而把时间上的投入与专业上的努力统一起来。可事实上，这种研究真的能够解决两者间的矛盾，还是既敷衍了教学工作，又敷衍了教学研究呢？

而且，教师群体的问题远比单个教师的情况要复杂。决定学校教学质量的并不是单个教师的教学专业水平与教学上的时间投入程度，而是学校教师群体的专业水平与时间投入程度。当单个教师觉得自己的教学潜力已经发挥到极致时，再利用时间上的投入来提高教学成绩，这是理性的。可是，如果学校始终把教师群体的专业水平视为既定的，而且大力鼓励利用时间的投入来提高教学成绩，那就会很自然地营造出以时间竞争取胜而忽视专业竞争的氛围。教师采用时间竞争策略，原则上可以迅速地提高教学成绩，当然只靠时间竞争，教学成绩的提高不可能很明显，更不可能很持久，但却是迅速的。而且，采用时间竞争策略可以让教师有一个更重要的"收获"，那就是即使时间上的投入不会提高自己的教学成绩，但可以抢占学生更多的学习时间，从而让其他教师的教学成绩有所下滑。既然教师只想做校内的优秀教师，尤其是备课组或者班级教师中的优胜者，那么别人的教学成绩下滑了，也就等同于自己的教学成绩上升了，这样就可以保住自己优胜者的地位了。可是，整体教学质量却下滑了，而学校所需要的，却是整体教学质量的提高。我们今天的学校管理，是在鼓励校内教师的优胜者，还是致力于学校整体教学质量的提高呢?

鼓励教师间的专业竞争,的确是一件有风险的事情。首先,学校要冒整体成绩在短期内跌落的风险。强化教师间的专业竞争,会使教师把更多的时间投入到教学专业的学习上。要将教学专业的学习转化为教学成绩是需要时间的,而教师教学工作时间的减少却会立即显现为教学成绩的跌落。其次,学校要冒管理上的风险。因为并不是每位教师都会尽职尽责地把学校给予的时间用于专业学习上,而且专业学习本身并没有限定的区域,它一直延伸到教师的日常生活之中,比如看小说,这算不算专业学习呢? 最后,学校还要冒教学专业上的风险。因为教师在教学专业学习上投入了时间,不见得就能够产生相应的学习结果,即使有了学习结果,也不一定就能够把学习结果转化为教学成绩。而且,教师在专业上的竞争并没有客观的标准,这样,学校管理者就无从判断谁是专业竞争的优胜者,这就对学校管理者的管理水平提出了更高、更专业的要求。正因为有这么多的管理风险,而且对学校管理者提出了更专业的管理要求,所以学校管理者很自然地放弃了困难重重、风险多多的专业竞争,从而鼓励教师间的时间竞争。

学校管理者认为,既然教师已经缺乏了专业竞争,那就不能再缺乏时间竞争;既然已经松懈了专业竞争,那就更需要提倡与鼓励时间竞争了。有了时间竞争,学校也会显现出热火朝天的景象——教师们都忙忙碌碌,学生的成绩在短期内可以迅速得到提升。但景象越是热火朝天,就越是提醒我们,时间长了,教师会因为透支而降低效率,更会因为长期将大量的时间投入在教学工作上,而影响自己教学潜力的开发。学校在短期的教学质量提升之后,将面临长期的失望。那时,学校可能就要把"路遥知马力"作为校训了。

7. 没有教不好的教师，只有没管好的校长

在频率上，校长抱怨教师与教师抱怨学生是差不多的。

曾听到一位教师极为愤慨地说："今年再不让我教高三，天理难容。"尽管这句话并不是直接讲给校长听的，但校长仍然听到了这句话，当然这句话不会给校长带来好心情。校长对这位教师也很不满：这位教师已经工作12 年了，可就是不放心让他去教高三，没想到让人不放心的他，在别人看来能力不足的他，居然还这样抱怨学校。

在学校教了高一和高二年级 12 年的教师，居然还没有能力去教高三年级，这究竟是谁的过错？

以人为本是当前校长常挂在嘴边的话，但是对以人为本的解释，则几乎完全不同。在教育实践中还流行着这样三句话："一切为了学生，为了学生的一切，为了一切学生。"这似乎就是对学校教育工作以人为本的实践解读。可是，在学校中，以人为本中的"人"，如果缺少了教师，就是不完美的"以人为本"。师生的地位应该是平等的，对任何一方的抬高，都意味着对另外一方的不尊重。

在企业中也曾风行一句话："顾客是上帝。"但是，在企业管理实践中，企业管理者越是强调这句话，顾客对这个企业服务态度的评价越是不满意。最后，企业管理者发现，在柜台两边，分别站着顾客与企业服务人员，当企业管理者一味强调顾客的重要性时，企业服务人员会有一种被出卖或者被抛弃的感觉，而且他们往往把这种感觉的获得归因于顾客的挑剔。为此，

只有当企业管理人员分担企业服务人员的压力时，企业服务人员才乐于更好地服务顾客。于是，企业管理界将"顾客是上帝"扩充为："顾客是企业服务人员的上帝，企业服务人员是企业管理人员的上帝。"于是，企业的服务态度得到了极大的改善，当顾客满意以后，企业管理人员的压力自然也得到了消解。

学校教育如果将"以人为本"简单地理解为"以学生为本"，就难免重复企业单纯强调"顾客是上帝"的弊病。学校教育"以人为本"，其实暗含着两层含义：教师教学以学生为本，学校管理以教师为本。面对这样的理解，学校管理者往往很困惑：学校管理难道不以学生为本吗？这并不是一个问题，因为学校管理的目的就是服务于教师与教学，如果学校管理直接以学生为本，容易让教师产生被出卖或被弃的感觉，反而导致教师与学生关系的紧张。当学校管理真正服务于教师与教学时，学校管理是在替教师分担"以学生为本"的压力，自然有利于教师教学"以学生为本"的实现。

学校管理以教师为本，这是一句很容易理解的话，但在实践中却非常难以落实。在传统的观念中，学校管理从来就是管理好教师、监督好教师，让教师服务好教学、服务好学生，怎么能够让学校管理去服务于教师呢？学校作为教学的专业机构，它的宗旨就在于向学生提供更有效率、更有质量的教育教学服务。可学校管理并不是教育活动，它只是服务于教育活动，通过学校管理来提高教育活动的效率。这就不难理解，学校管理只是学校这个专业机构的一个附属的权利，学校中主导的权利应该是教学自主权。

学校管理以教师为本，可事实上，学校管理为教师、教学又做了些什么呢？某民办学校董事长面对学校取得的成绩，讲了一句发自肺腑的话："有时候我真想向我们的教师鞠躬，因为他们无比的勤奋和出色的表现。"我追问道："你们学校教师累吗？""当然累了，我们为了达到一流的办学目标，教师们必须在每项工作上都实现一流的水平，这需要他们付出比别人更多的时间与精力。""教师为什么愿意比别人付出更多的时间与精力呢？""我们与教师有着一个共同的目标，就是把学校办成当地最有声望的小学。为此，教师们辛勤地履行他们的教学任务，我们学校管理者则细致地做好服务工作。作为民办学校，我们为教师按事业单位人员买了各种保险，我们在办学五年中，已经为学校教师提了五次工资。我想，我们做了我们应该做的，教师也做了他们自己认为应该做的。"尽管这样的答案可能没有所谓的理论高度与色彩，但它却足以验证"教师教学以学生为本，学校管理以教师为本"的推论。

还有一个相反的论据。某集团曾投巨资创办了一所中学，学校的建筑在当地算是鹤立鸡群，学校收费也只好根据投资的额度与日见长。但是，正因为在硬件建设上投入太大，学校每年要花费巨额经费去进行维护，而学校招生规模并没有同投资额度与学校硬件建设水平成正比。于是，在办学经费紧张的情况下，学校只好缩减教师的费用与办公费用，以保证学校硬件建设能够正常运行。恶性循环就此产生：教师收入越来越低，学校教学质量越来越差；生源数量越来越少，学校办学经费越来越少。当学校不再支持教师的时候，学校管理的价值就发生了异化，要么管制教师，要么误导教师，这阻碍了"教师教学工作以人为本"的实现。

学校管理究竟能够为教师提供哪些服务呢？能够为教师提供早餐，提供与日渐涨的工资，提供高水平的社会保障，我想这已经值得我们学习了。但教师对学校的需求，除了这些生活上的保障以外，还有没有别的呢？像前文所说的那位无法教高三的教师，他需要的就仅仅是这些吗？当然，按照马斯洛的需求层次理论，这些需求是必须得到满足的，而且只有满足了这些需求，教师才可能有更高层次的需求，即专业水平的提高与专业价值的实现。

学校作为教学的专业机构，学校管理最应该为教师提供的应该是专业支持系统。教育教学工作是一项系统性与专业性极强的工作，对单个教师来说，不管是个人的时间与精力，还是个人的理性与能力，都无法胜任教育工作的全部。在这种背景下，学校管理能够为教师提供的服务，不外乎以下两项内容：其一，为教师个人专业能力的提升提供帮助；其二，为教师个人能力不足之处配备相应的协作人员，通过彼此能力上的互补，更高效、更有质量地完成工作。

　　教师个人专业能力的提升，远非教师个人所能及。在大众看来，只要教师个人勤奋就能提升专业能力，而且认为不断提高专业能力是教师的义务。可是，现实中的教师是生活在具体的工作环境与学习氛围中的教师，他对专业能力提升的态度，自然受制于学校的工作环境与学习氛围。教师的时间与精力总是在工作、生活与学习三者之间进行配置。学习最有利于教师的专业提升，但时间最长，效果最不明显，对教师的紧迫性最小；生活最不必然导致教师专业提升，但有利于教师生活质量与教学效果的提高，这种功能是间接性的；教学工作只能保证课堂教学的正常进行，但对于教师教学能力的提升帮助不大，它对课堂教学的支撑是直接的。因此，当学校对教师的教学工作提出更高要求时，教师最先放弃的是学习时间，再次放弃的是生活时间；如果教师还乐于享受生活，那么学习时间就会被全部取消，这时教师的专业发展就遥遥无期了。因此，学校管理工作的重要任务之一，就是为教师的学习与研究创造条件与氛围，而协调教师在工作、生活与学习之间的配置，则是提升教师专业能力的重要课题。

　　至于教师间的协作，在此有必要纠正一种观点：没有学不好的学生，只有教不好的教师。其实如前文所述，教育教学工作是一项复杂而综合的工作，当学校管理者发现教师出现了"教不好"的情况时，要么去提升教师的教学能力，要么重新组合教师，通过教师间的取长补短与相互协作，来弥补单个教师"教不好"的问题。当然，如果发现这位教师连最起码的工作都无法完成，那就应该找其他教师去取而代之了。因此，当学校教育教学中存在"教不好"的情况时，我们首先问的应该是，是否存在"管理不好的管理者"。